职业院校通识教育规划教材

就业指导与职业规划

Career Planning

庄梅英 主 编

王 奔 副主编

人民邮电出版社

北京

图书在版编目（CIP）数据

就业指导与职业规划 / 庄梅英主编. -- 北京 : 人民邮电出版社, 2013.9（2015.1 重印）
职业院校通识教育规划教材
ISBN 978-7-115-32511-2

Ⅰ. ①就… Ⅱ. ①庄… Ⅲ. ①职业选择－中等专业学校－教材 Ⅳ. ①G717.38

中国版本图书馆CIP数据核字(2013)第173445号

内 容 提 要

本书结合当前职业院校学生的就业形势，概要介绍了解职业、了解环境、就业准备、面试与笔试、从学生到职业人的过渡、心理调适、工作中应注意的问题、职业院校学生创业基本知识与创业实践等职业院校毕业生急需了解的就业知识。本书不仅有利于引导职业院校学生正确对待就业难题，从容应对就业竞争，而且还可以帮助他们树立职业目标，合理规划自己的学业，为个人职场成功奠定基础。

本书可作为职业院校就业指导与职业规划方面的通识教育教材，也可作为相关人员的参考书。

◆ 主　　编　庄梅英
副 主 编　王　奔
责任编辑　刘盛平
责任印制　焦志炜

◆ 人民邮电出版社出版发行　　北京市丰台区成寿寺路 11 号
邮编　100164　　电子邮件　315@ptpress.com.cn
网址　http://www.ptpress.com.cn
三河市海波印务有限公司印刷

◆ 开本：787×1092　1/16
印张：10.5　　2013 年 9 月第 1 版
字数：245 千字　　2015 年 1 月河北第 3 次印刷

定价：28.00 元

读者服务热线：(010)81055256　印装质量热线：(010)81055316
反盗版热线：(010)81055315

前　言

为了帮助职业院校学生掌握就业、择业的基本知识，增强就业竞争力，本书围绕职业教育的培养目标，从就业政策、就业形势、择业观念、择业心理、择业素质、择业技巧和社会适应等方面系统、完整地进行了阐述和探讨。

本书针对职业院校毕业生择业方面存在的问题，在每章穿插了求职案例分析。在编写中借鉴了当前职业院校毕业生就业指导方面的最新理论成果和实践经验，力求突破传统，有所创新，既立足实用性，具备指导功能，又注重方向性，富有教育意义。与目前市场上的其他同类教材相比，本书具有以下特点。

（1）紧密结合职业院校学生学习的实际情况。本书深入职业院校学生学习生活的实际，从职业院校学生的学习任务、时间管理、人际适应、职业发展等方面进行全面阐述，引导职业院校学生树立学业管理意识与职业规划意识。

（2）紧密结合职业院校学生就业实际情况。本书结合当前我国职业院校学生的就业形势，从企业对人才的素质要求入手，详细阐释职业院校学生就业的政策、流程、礼仪和素质能力准备，全面提升职业院校学生的职业发展能力。

（3）案例丰富。本书题材新颖，内容丰富，理论联系实际，其内容具有针对性、实用性、时代性和指导性。

（4）内容全面，紧密结合课程大纲，满足教学需要。本书对涉及就业指导、职业咨询等方面的理论和工具进行详细介绍，完全满足职业院校就业指导教师的需要。

教师在讲授本书内容时，可根据本校具体的教学计划和教学条件等实际情况，对书中内容进行选择，对相应的学时进行适当的增减。以下是建议的学时分配表。

建议学时分配表

章	内　容	讲授课时
第1章	了解职业	4
第2章	了解环境	4
第3章	就业准备	6
第4章	面试与笔试	6
第5章	从学生到职业人的过渡	4
第6章	心理调适	2
第7章	工作中应注意的问题	6
第8章	职业院校学生创业基本知识与创业实践	4
	总学时	36

本书由广东省高级技工学校的庄梅英任主编，广东省高级技工学校的王奔任副主编。

由于编者水平有限，书中难免存在不足之处，敬请广大读者给予批评指正。

编　者

2013年4月

目 录

第 1 章 了解职业……1

1.1 职业的概念及意义……1

1.1.1 职业的产生……1

1.1.2 职业的概念与功能……2

1.1.3 职业发展对职业院校学生择业的影响……3

1.2 职业的特征及类型……4

1.3 职业评价标准与准则……6

1.3.1 时代发展与职业评价……6

1.3.2 职业评价的影响因素……7

1.3.3 职业评价的意义……8

1.4 自我评价……9

1.4.1 自我评价的内容……10

1.4.2 自我评价的原则……12

1.4.3 自我评价的方法……12

1.4.4 个性特点与职业选择……14

思考题……16

第 2 章 了解环境……17

2.1 职业环境要素分析……17

2.1.1 社会环境分析……17

2.1.2 行业环境分析……21

2.1.3 企业环境分析……22

2.1.4 岗位环境分析……24

2.1.5 影响行业兴衰的主要因素……24

2.2 就业制度……26

2.3 就业的主要方式……28

2.3.1 即时就业……29

2.3.2 延时就业……30

2.3.3 自主创业……30

2.3.4 升学深造……31

2.3.5 出国留学与就业……31

2.3.6 国家项目就业……32

2.3.7 灵活就业……32

思考题……32

第 3 章 就业准备……33

3.1 就业准备的原则及内容……33

3.1.1 适应社会的原则……34

3.1.2 客观评价自己原则……34

3.1.3 主动出击原则……35

3.1.4 发展性原则……35

3.2 就业的思想及心理准备……35

3.2.1 思想准备……36

3.2.2 心理准备……38

3.3 就业的知识与能力准备……39

3.3.1 知识准备……40

3.3.2 能力准备……40

3.4 就业的信息准备……43

3.4.1 就业信息的收集……43

3.4.2 就业信息的使用……45

3.5 就业的自荐准备……46

3.5.1 自荐材料的准备……46

3.5.2 自荐方式与技巧……50

3.5.3 推荐的方式及内容……52

思考题……53

第4章 面试与笔试 ……57

4.1 面试的种类和准备 ……57
4.1.1 面试概述 ……57
4.1.2 面试的形式 ……58
4.1.3 面试前的准备 ……59
4.1.4 面试的难点与应对方法 ……61
4.2 面试礼仪 ……63
4.2.1 面试仪表 ……63
4.2.2 面试举止 ……64
4.3 笔试 ……68
4.3.1 笔试的准备 ……68
4.3.2 笔试的种类 ……69
4.3.3 笔试的方法和技巧 ……70
4.3.4 国家公务员录用考试 ……71
思考题 ……73

第5章 从学生到职业人的过渡 ……75

5.1 角色转换与角色认知 ……75
5.1.1 角色认知 ……75
5.1.2 角色转变的意义 ……76
5.1.3 角色转变的原则 ……77
5.1.4 角色转变的两个阶段 ……80
5.2 适应职业生活，建立和谐人际关系 ……82
5.2.1 职业适应及其规律 ……82
5.2.2 职业适应的基本要求 ……84
5.2.3 建立和谐的人际关系 ……86
5.2.4 积极促进职业发展 ……89
思考题 ……92

第6章 心理调适 ……93

6.1 求职心理调适 ……93
6.1.1 心理调适 ……94
6.1.2 消除紧张耐受挫折 ……100
6.1.3 调整心态成功求职 ……103
6.2 就业权益保护 ……105
6.2.1 毕业生就业过程中的基本权益 ……105
6.2.2 就业过程中常见的侵权及违法行为 ……107
6.2.3 就业权益保护的方法与途径 ……109
6.3 违约责任与劳动争议 ……111
6.3.1 就业协议争议解决办法 ……111
6.3.2 劳动争议处理的法律规定 ……111
思考题 ……113

第7章 工作中应注意的问题 ……114

7.1 职业化与职业发展 ……114
7.1.1 职业化的概念 ……114
7.1.2 职业生涯发展的影响因素 ……115
7.1.3 职业决策的基本原则 ……116
7.2 职业道德的概述 ……117
7.2.1 职业道德的内涵特征 ……118
7.2.2 职业道德的意义作用 ……120
7.3 爱岗敬业 ……122
7.3.1 爱岗敬业的含义及特征 ……122
7.3.2 爱岗敬业的基本要求 ……123
7.4 诚实守信 ……124
7.4.1 诚实守信的含义及特征 ……124
7.4.2 诚实守信的基本要求 ……126
7.5 办事公道 ……127
7.5.1 办事公道的含义及特征 ……127
7.5.2 办事公道的基本要求 ……128
7.6 服务群众 ……129
7.6.1 服务群众的含义及特征 ……129
7.6.2 服务群众的基本要求 ……131

7.7 奉献社会……133
7.7.1 奉献社会的含义及特征……133
7.7.2 奉献社会的基本要求……134
思考题……136
第 8 章 职业院校学生创业基本知识与创业实践……137
8.1 创业概述……137
8.1.1 创业的概念……137
8.1.2 创业者的基本特征……138
8.1.3 创业的动因……140
8.1.4 创业的核心要素……142
8.2 创业策略……143
8.2.1 职业院校学生创业的基本方向……143
8.2.2 如何获得第一桶金……144
8.2.3 创业知识准备……145
8.2.4 创业能力准备……146
8.3 职业院校学生创业现状……147
8.3.1 职业院校学生创业现状分析……147
8.3.2 推进职业院校学生创业的对策……148
8.4 创业实践……149
8.4.1 确定目标……149
8.4.2 制订创业计划……151
8.4.3 实施计划……153
8.4.4 发展壮大……155
8.5 创业过程中常见的问题及对策……157
8.5.1 职业院校学生创业过程中常见问题……157
8.5.2 国家针对职业院校学生创业的优惠政策……159
思考题……160

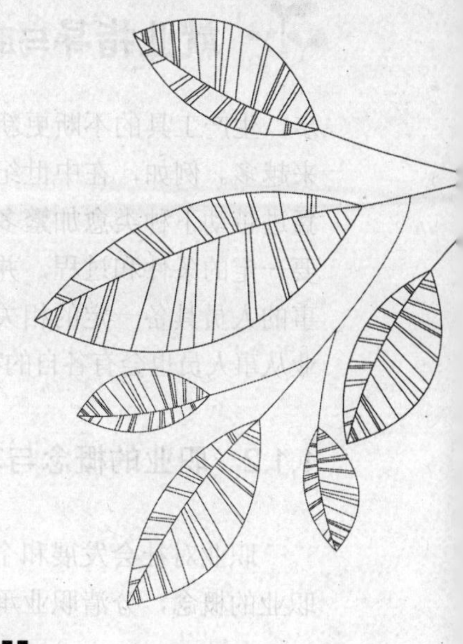

第 1 章　了 解 职 业

求职择业，是每个人一生中都要面对的难题。对于一个职业院校毕业生来说，面对第一次求职择业，要想成功完成对自我职业的定位和选择，顺利实现从学生到社会人的角色转变，系统地学习相关知识是十分必要的。

1.1　职业的概念及意义

职业的形成经历了一个漫长的社会发展过程，时至今日可谓“种类繁多，千差万别”。有关调查表明，职业院校毕业生在选择职业时对其基本知识了解甚少，出现了诸如“冲动选择”“猜测选择”的情况，导致现实与理想之间产生较大差距，有的甚至因此丧失了努力工作的动力。因此，职业院校毕业生要想成功选择职业，就必须对职业的相关基础知识进行必要的了解。

1.1.1　职业的产生

社会分工的细化是职业产生的基础。在原始社会氏族公社时期，生产力极为低下，劳动过程只是简单的自然分工，谈不上什么职业。随着生产力的发展，人类出现了 3 次具有重大意义的社会分工，即游牧业同农业的分离，手工业同农业的分离，工业和商业的产生，从而也就出现了最初的职业，如农夫、工匠、商人等。

职业的发展受社会分工发展的制约，科学技术的进

步，生产工具的不断更新换代促使分工更加细化，专业化程度越来越高，职业门类也就越来越多。例如，在中世纪初期的英国，各种职业达三万多种。时至今日，职业在科技突飞猛进带动下种类愈加繁多。但是，职业对人们任职条件的要求也就越来越高，获取职业需要一定的条件和过程，并不是任何一项职业都适合每一个人。一方面，每项职业都要求从事的人员具备一定的相关知识与技能、思想品德和心理素质等，另一方面，各种不同的职业从事人员也会有各自的特殊需求与选择，于是就产生了职业对人的选择和人对职业的选择。

1.1.2 职业的概念与功能

职业对社会发展和个人存在有着重要作用，它是社会体系的重要组成部分。正确理解职业的概念，分清职业承担的功能，具有重要意义。

1. 职业的概念

从劳动社会学的角度来说，职业是劳动者能够稳定从事某项有报酬工作而获得的劳动角色，是一种社会劳动岗位。与其他社会活动相比，职业有以下特殊性。

（1）职业活动与社会分工密不可分。职业随着社会分工的产生而出现，随着社会分工的发展而变迁。

（2）职业活动具有明显的经济性和一定的连续性。所谓职业活动的经济性，是说人们从事职业活动会因此而获得经济收入或报酬。连续性是指一个人只有在较长时间内持续进行某种活动，并通过这项活动较稳定地获得一定的经济收入或报酬，该活动才被视之为职业活动。

（3）职业活动具有知识性和技术性。要从事某些职业，必须经过较长时间专门知识的学习或技术培训，从事这些职业活动的劳动者，需要具备特殊的知识和技术。

（4）职业活动还具有规范性。从事职业活动必须遵从职业规范，职业活动总要受一定职业规范的约束。

2. 职业的功能

职业的功能是指职业活动与职业角色对人和社会的作用与影响。概括起来主要有以下几个方面。

（1）职业是社会存在的内容。职业分工及其结构，是社会经济制度与结构的重要组成部分，是社会经济发展水平的反映。人们通过职业劳动，创造出社会财富，为社会存在和发展提供物质基础。

（2）职业是社会发展的动力。职业的社会活动，包括个人改善职业的向上流动、与社会经济结构联系的职业结构变动、不同职业之间的矛盾冲突及解决等，这些构成了推动社会发展与进步的动力。

（3）职业是社会控制的手段。职业是人的重要生活方式，“安居乐业”是人们的共同愿望。政府为公众创造职业岗位及就业机会，执行促进“充分就业”的政策，从其社会功能角度看，是为了实现减少社会问题、维护社会安全稳定。

（4）职业是人们获取利益的手段。职业作为个人经济收入的主要手段，成为个人生存和进行社会生活的物质基础。职业也是获得多种经济利益的重要途径，包括名誉、地位、权力等，从而使个人获得心理上的满足，达到“乐业”的境地。有时候非经济利益也可能转化为金钱或者其他形式的经济利益。

（5）职业是人生的重要活动。职业是人们参与社会活动、建立社会关系、进行人生实践的重要途径。同时，人的交际活动大多也和职业生活相联系。职业生活使从业者进入一种社会情境，这种情境因职业的不同而不同。所以，职业是人担任特定的社会角色、形成一定行为模式的条件。

1.1.3 职业发展对职业院校学生择业的影响

职业发展，从组织学角度来说，是组织帮助员工获取目前及将来工作所需的技能、知识的一种方法。实际上，职业发展是组织对企业人力资源进行的有关知识、能力和技术的发展性教育、培训等活动。从个人角度来说，职业发展是在自己选定的领域里、在自己能力所及的范围内成为最好的专家。

职业是动态的，是发展的。其发展与社会分工的发展密切相关，由于社会分工和科技发展是渐进的，因此职业的演变又是缓慢的。随着生产工具的改进和科学技术的进步，以及生产的社会化，社会分工越来越细、越来越复杂，专业化程度越来越高，职业的种类也越来越多。

据有关方面调查分析，今后我国对人才需求将有较大的变化。急需的人才主要有以下 10 大种类：以电子技术、生物工程、航天技术、海洋利用、新能源和新材料为代表的高新技术人才；信息技术人才；机电一体化专业人才；农业科技人才；环境保护技术人才；生物工程研究开发人才；国际经贸人才；律师人才、保险精算师、物流专业管理人才等。

今后，我国有 6 大技术领域将获得大力发展。一是被认为是 21 世纪技术核心的生物技术，这些技术对农业、医药、环保和能源等方面具有很大的意义，其标志技术是基因工程和蛋白质工程。二是作为高技术前导的信息技术，其标志技术是智能计算机和智能机器人。三是作为高技术基础的新材料领域。人们可以根据需要来设计新材料，而不再是根据材料设计产品。四是作为高技术支柱的新能源技术，其标志技术核聚变能与太阳能可使人们的生产、生活大为改观。五是空间技术，这是 21 世纪技术的外向延伸，两个标志技术是航天飞机和永久太空站，这不仅把高技术用在地球上，还把人类整体生活结构引向外层空间。六是海洋技术。

上述 6 大技术可以形成 9 大高科技产业，今后它们将是我国大力发展的技术产业，即：生物工程产业（包括微生物、酶、细胞、基因四大工程，转基因动植物、药物疫苗、生物芯片、生物计算机等）；生物医药产业（包括有效替换的综合利用、全息图像处理等）；光电子信息产业；智能机械产业；软件产业；超导体产业；太阳能产业；空间产业（全球已投入 4 000 多亿美元来提供卫星发射、太空旅行、空间商业服务等）；海洋产业（包括海水利用、深海采矿、海底城市建设）。

当代职业的迅速发展，对职业院校学生就业影响越来越大。职业院校学生在求职择业和进行就业准备时，要认真研究职业发展的趋势。

（1）新职业种类的大量出现，扩大了职业院校学生的择业范围。从职业分类的角度看，适宜于职业院校毕业生从事的职业主要是专业性较强的职业，所以在择业中就不能不考虑"专业对口"，但由于职业发展加快，新职业种类不断增加，所谓与专业"对口"的职业种类当然也相应增多。这就要求职业院校学生在择业时应当解放思想，开阔视野，跳出以往传统职业种类的狭小范围。

（2）职业的发展导致同一职业或职位对就业者的要求不断提高。如律师资格证书、会计资格证书等职业资格证书制度的逐渐推行，学历文凭和职业资格证书并重制度的实行等。对于某些职业来说，仅有学历文凭还不具备就业资格，这就要求职业院校学生必须重视实践技能的培养，并通过有关的职业资格鉴定，获得职业资格证书。

（3）职业的发展和国家劳动人事制度的改革，为人才的合理流动创造了条件。职业院校学生毕业后的首次就业并不意味着选择了终身不变的职业，随着各种条件的变化，已就业的职业院校学生，也可能面临第二次、第三次择业，所以职业院校学生就业时应从发展的角度看待自己的初次就业。

1.2 职业的特征及类型

职业作为一种社会现象，具有行业性、空间性等特征，要想全面地了解职业，就要了解职业角色的特征和类型。

1. 职业角色的特征

由于职业活动是一种具有经济性、连续性、知识性、技术性和规范性等多种特性的社会活动，所以对从业者，社会就会逐渐形成一种期望的行为模式——职业角色。一个人较固定地从事某种职业活动，会获得相应的职业角色。职业角色在社会中有以下几个特征。

（1）行业性特征。职业角色在行业中的分布，在现代社会和古代社会有很大的差别。古代的社会里，因社会分工尚不充分，同一种劳动或手艺还没有被分成各种精细的工序，一种职业角色差不多固定地分布于一种行业之内，这时候的行业几乎等同于职业。后来，随着社会分工的进一步发展和职业的分化，构成职业的基本单位演变成职位，而构成行业的基本单位则是工厂、公司、学校、行政机关等社会组织，于是职业角色在行业里的分布状况就变为：一种职业角色主要存在于一个或几个行业之内，同一行业内又只能包含一种或数种职业角色。如教师角色以教育行业居多，卫生系统密集着大量的医生、护士等。

（2）空间性特征。职业角色分布的空间性特征主要表现为：自然环境的差异会造成职业角色分布的差异，主要原因在于自然环境决定着人类从事经济活动的类别。如草原地区畜牧业类职业角色十分密集，以渔为业者，则多集中于沿海区域等。职业角色的分布有城乡之别。如教育、科研和公务员之类的职业角色，就是城市的密度大，农村的密度小；而农、林、牧、渔一类职业角色，又以农村分布为多。

2. 职业的类型

我国已公布的职业分类有两种类型。第一种是 1995 年原国家劳动和社会保障部编制《中华人民共和国执业分类大典》，把我国职业化分为八大类，如表 1-1 所示，1 838 个职业。2004 年 8 月建立了新职业信息发布制度，目前已发布了 11 批共 114 个新职业信息。2008 年 5 月 28 日，人力资源和社会保障部在广州市召开第十一批新职业信息发布会，正式向社会发布了动车组司机、动车组机械师、燃气轮机运行值班员、加氢精制工、干法熄焦工、带温带压堵漏工、设备点检员、燃气具安装维修工 8 个新职业信息。

表 1-1　　职业分类

第一大类	国家机关、党群组织、企事业单位负责人
第二大类	各类专业、技术人员
第三大类	办事人员和有关人员
第四大类	商业及服务人员
第五大类	农林牧渔水利业生产人员
第六大类	生产、运输人员及有关人员
第七大类	军人
第八大类	不便分类的其他劳动者

第 2 种分类标准是由原国家计划委员会、原国家经济委员会、国家统计局、原国家标准局批准，于 1984 年公布并于 1985 年实施的《国民经济行业分类和代码》，1994 年进行了修订，2002 年颁布了新的《国民经济行业分类》，将国民经济行业划分为 20 个行业门类，95 个大类，396 个中类，913 个小类。下面列出 20 个行业门类，如表 1-2 所示。

表 1-2　　行业门类划分

项　目	内　容	项　目	内　容
1	农林牧渔业	11	房地产业
2	采矿业	12	租赁和商务服务业
3	制造业	13	科学研究、技术服务和地质勘查业
4	电力、燃气及水的生产和供应	14	水利环境和公共设施管理业
5	建筑业	15	环境管理业
6	交通运输	16	居民服务和其他服务业
7	信息传输	17	教育
8	批发和零售业	18	卫生、社会保障和社会服务业
9	住宿和餐饮业	19	文化、体育和娱乐业
10	金融业	20	公共管理和社会组织

以上两种分类方法符合我国国情，简明扼要，具有实用性，也符合我国的职业现状。职业院校学生较为关注的热门职业有以下 4 种行业类型。

（1）国家公务员序列（含国务院各部委、中直机关工委、地方各级党群机关、公检法系统、海关边检及各类事业干部编制）。

（2）各类公司（含各类国有企业、民营企业、“三资”企业）。

（3）银行及非银行金融机构（含银行、保险、证券、基金、风险投资行业）。

（4）IT 行业（通信、网络、计算机等高科技行业）。

3. 职业分类的意义

职业分类最初是作为人口统计的一项基础工作，但因为它与职业选择、就业咨询、就业指导之间有着极为密切的联系，所以受到了社会各界的普遍关注。社会学家认为：根据心理素质与择业倾向，可将劳动者划分为 6 种基本类型，即现实型、研究型、艺术型、社会型、企业型和常规型；根据职业本身的内容和它对劳动者素质的要求，可将职业划分为与上述相适应的 6 种类型。劳动者只有从事类型相同或相近的职业才能发挥所长；反之，则不利于自身的发展和对社会的贡献。

职业选择是劳动者与职业岗位互相选择、互相适应的过程，劳动者选择职业的过程也就是职业选择劳动者的过程。因此，对求职择业者来说，不了解职业的种类及其分类的依据，不了解不同职业对于劳动者素质的不同要求，是不可能做出正确的选择和决策的。

1.3 职业评价标准与准则

职业评价以职业为对象，评价的主体是择业者自身。职业评价所要解决的问题，是让毕业生从现实和发展的观点去分析和判断什么样的职业适合自己，只有如此，才能使职业主体充分发挥其特长，职业才能更好地实现其社会功能。

1.3.1 时代发展与职业评价

社会分工是职业评价的基础，自从有了社会分工就有了职业评价。在我国，早在春秋战国时期，管仲就有“士农工商”四民分业的主张。在元代，有“一官、二吏、三僧、四道、五医、六工、七猎、八民、九儒、十丐”的戏谑之言。现在，不论学术界还是普通百姓中，对职业的评价都是热门话题。学者从学术性的角度，从不同学科进行评价和判断；普通人以情感性的、时尚性的眼光看职业，以重要与不重要、高贵与低贱、好与坏来区分。事实上，职业的不同是由于社会分工的不同形成的，其本身并没有高与低、贵与贱、好与坏之分。社会分工使得职业之间在劳动强度、智力水平、收入状况、工作条件等方面形成了差别，这种差别就形成了人们对职业地位的不同看法和态度，这是客观存在的，不同社会学派对其有着不同的解释。

功能主义者认为，职业地位的差别是社会正常运行不可避免的。一个社会要想正常运行，需要各行各业的劳动者正常发挥其职能。但是，不同的职业对于任职者的要求也不一样，有的职业与人打交道多，有的职业与人打交道少；有的职业风险大，有的职业风险小；有的职业要求智力水平高，有的职业要求体力强，有的职业技术性较高，适应的人少。由于职业的差别，出现了劳动报酬、荣誉等方面的差别，这就需要有一种社会机制去激励人们进行职业竞争，否则人们就不会进行更多的教育投资，不愿付出更多的努力，不愿承担更大的责任。

冲突论认为，在现代社会中，各种职业是相互依赖的，缺少谁都不行，职业地位的高低是职业垄断和社会冲突的结果，是职业特权的表现。

职业地位是人们对职业的主观认识态度，反映了一定社会发展阶段和一定时期内人们的职业价值观。因此，通常通过职业声望调查的方法来表现职业地位。

职业声望是对职业地位资源状况，如权力、工资、晋升机会、发展前景、工作条件等的主观评判。职业声望是通过选取有代表性的职业进行职业调查，所得出的职业等级序列。在一定时期内，职业声望排列呈相对稳定状态，如白领高于蓝领，专业技术岗位高于体力劳动岗位等。

职业地位是现实的，也是历史的、发展的。在农业社会，对农民的评价高于商人；工业社会崇尚科学家与企业家，对商人的评价高于农民。从就业上来说，一般人们都愿意选择声望高的职业，或者是从职业声望较低的职业流向职业声望较高的职业。但是，有时也会出现一些非常规的现象，如把收入或地区作为择业的单一指向，而不顾及职业声望。事实上，职业虽然有地位上的差别，但对社会的贡献只是分工不同而已。对职业院校学生来说，掌握职业声望的评价因素及影响因素，避免出现从众、攀比等择业心理现象，是做好择业准备的重要条件。

1.3.2 职业评价的影响因素

职业评价是人们对职业社会地位的主观反映，每个职业院校学生在进行职业规划时，不可避免地带有个人偏好以及受父母期望、生活环境、学校教育、社会舆论等其他因素的影响，主要表现在以下5个方面。

1. 个人偏好的影响

有的职业院校学生在进行职业评价时，形成了对某一种或某一类职业的好与恶的心理思维定势，缺乏客观性和全面性，只以职业声望的个别因素作为评价依据必定得出片面的结论。湖南某职业院校对2008届毕业生进行职业评价影响因素调查，调查中有的职业院校学生回答“只要适合自己的兴趣，无论什么职业都可以”的占59%。由此看出，当代职业院校学生不再把就业看成是唯一谋生手段，而是向往适合自己兴趣的职业。

2. 父母期望的影响

每个职业院校学生在职业评价时，都会不同程度地深受父母期望的影响。如果父母对职业评价的意义充分理解，并对子女进行正确指导，子女也会深受鼓励而全身心地投入到职业评价和职业选择的实践活动中去。如果父母对子女经常灌输“求稳定，保终身”的思想或父母包办，这类职业院校学生多数为“无爱好”“无主见”，易产生随遇而安的想法，思想上纯粹追求安稳，往往不敢主动求职。因此，父母的鼓励和支持是职业院校学生正确进行职业评价和择业不可缺少的保障。此外，家庭经济状况也在一定程度上影响着职业院校学生职业评价观的形成，如有的家庭有自己的企业，有比较丰富的创业经验，这可为自己的创业提供良好的锻炼机会和空间；有的家庭比较困难，父母艰苦朴素，吃苦耐劳，也会使子女更早地具备独立性、坚韧性等。

3. 生活环境的影响

不少职业院校学生抱着自己是“天之骄子”“精英人才”的心理，在职业评价和职业规划时，一味定位于好环境，如某职业院校针对 2009 届毕业生的调查中发现愿意去北京、上海、深圳等经济发达地区的占 54%，而愿意回家乡的只占 26%，愿意去“西部地区”工作的只有 10%。尽管国家和学校积极鼓动职业院校学生到西部地区和基层农村工作，地方也出台了许多吸引人才的政策，但仍难以调动大多数职业院校学生的积极性。这是吸引职业院校学生的一个重要原因，同时，也反映出职业院校学生择业地区的多元化。此外，职业院校学生对职业的评价往往被社会上出现的某类个别现象所引导，如时尚性、趋利性、功名性等，尤其是一定社会的政治和文化背景，直接左右着职业院校学生对职业的评价。

4. 学校教育的影响

职业院校对职业院校学生的职业评价指导就是让学生在了解社会、了解自己的基础上，充分发挥自己的特长，不断发展自己的个性和潜能，培养职业评价和择业的能力素质，为升学和就业做准备。职业院校教育对职业院校学生职业评价意识的形成，职业能力的培养的影响是全方位的，它通过各种课程和社会实践活动，如理论课、实践课和活动课来传授各种职业评价的知识，并潜移默化地影响学生的职业意识，培养学生的职业能力。特别是近几年，职业院校为使职业院校学生顺利地走上社会，开设了各种形式的就业指导课和职业教育课（如请专家举办就业指导讲座、校内人才交流会、自荐信大赛、成才毕业生回母校作报告等），为职业院校学生日后就业和创业打下了一定基础。

5. 社会舆论的影响

大众舆论的推崇，可以使职业院校学生对某一种职业出现心理倾向性，如有的企业虽然社会地位不高，但其经济收入高，福利待遇好，因而受到大众舆论的认可。新浪网等媒体对 2008 届毕业生的就业调查中“三资企业”的选择明显高于“科研院校”“职业院校”等项，其中的关键因素是薪金，并不全是因为个人才能的发挥和工作环境等的优越。职业院校学生更注重职业的“含金量”，再一次突出了职业院校学生就业的“福利化”倾向。

除上述几方面外，还应根据自己的性格、观察、思维和活动特点来选择职业。总之，一个人从事何种职业，要受到社会、经济、家庭和个人气质等多种因素制约，如果在适应社会和职业的要求的同时，又能把抱负、期望建立在对自身性格、气质、能力和兴趣需要了解的基础上，发挥自己的个性特长，那么，工作对于你将具有更积极的意义，你将更有可能在工作中得到更大的满足，取得更大的成就。

1.3.3 职业评价的意义

职业与人生紧密相连，职业院校学生能否为国家为社会做出贡献，个人生活是否幸福，在很大程度上取决于他的职业评价和职业选择，因为职业评价是职业选择的前提，一般来说人们的思想支配行动。帮助职业院校学生进行正确的职业评价无论对社会还是对个人都具有十分重要的意义。

1. 促进自我认知

俗话说“知己曰聪，知人曰明”。职业院校学生在求职择业、职业生涯规划时经常面临着“我是谁”的问题，而通过职业评价，可以在一定程度上帮助他们解决这个问题。据调查，大部分毕业生在对待“是否清楚自己的优势劣势”、“选择什么用人单位最适合自己”这样的大问题上显得思考不够深。而在职业院校学生中进行职业评价活动，可以帮助他们深入了解自己，知道自己的能力水平和兴趣爱好，从而能够因势利导，明确自己的择业和发展方向，自信地面对职业选择。

2. 促进个人择业

由于职业岗位要求的多样性与择业者自身特点的差异性，决定了只有通过职业评价，用人单位与择业者进行双向选择，才能使劳动者与职业岗位获得优化组合。而不具备某一职业岗位特定要求的职业院校学生在职业评价和职业选择过程中，就必然会被拒之门外。随着经济形势、企业和个人就业意向的变化，职业院校学生在职业生涯中也有可能通过职业的再评价，提高对职业的适应性，做到人尽其才，顺利就业。

3. 促进自我发展

职业评价可以使每个职业院校学生认清自己的基本素质，知道自己的长处和短处，从而有针对性地接受教育培训，并在实践中尽量扬长避短，更好地自我发展。也只有通过职业评价，职业院校学生在择业中才能选择与自己的兴趣、爱好、能力、气质、性格等相符合的职业岗位，才能有利于个人才能的充分发挥，从而取得较好的社会效益，寻求自我价值实现的最佳途径。反之，如果对自己的工作缺乏兴趣，用非所长，那么个人的才能就会受到压抑，工作积极性也难以调动，劳动生产率也就无法提高。

4. 促进社会发展

在新的历史条件下，社会需要决定着社会职业的广泛性、层次性和发展性，这就要求每个职业院校学生必须根据社会需要进行择业，并不断通过职业评价，来调整自己的职业选择，顺利地实现就业。否则，若不能正确进行职业评价，造成就业不顺利，失业率超过一定警戒线，就会成为社会的不稳定因素，从而影响我国社会经济的发展和进步。

1.4 自我评价

自我评价即通过对以往成长经验的反省，检视自己的价值。在求职之前，学生一定要从自己的专业、性格、兴趣、特长等诸方面进行通盘思考，进行深层次的自我剖析，了解自己的能力大小，明确自己的优势和劣势。根据过去的经验选择、推断未来可能的工作方向，给自己一个科学、正确的社会定位，从而为自己设计出合理且可行的职业生涯发展方向，解决“我能干什么”的问题。

1.4.1 自我评价的内容

自我评价应当客观而全面。首先，评价应是客观的，是在正视自己、面对现实的基础上做出的，过高或过低的评价都会给自己的求职心态带来不利影响；其次，评价应是全面的，既包括自己的特殊素质，也包括综合素质；既包括自己的优点和长处，也包括缺点和不足。

1. 优势分析

个人优势是求职就业制胜的法宝。我们要找出自己与众不同的地方，形成鲜明的自我定位，在招聘者面前亮出一个独特的招牌，让自己的价值更好地为招聘单位所认识。对于自己的优势可以从以下角度进行分析。

（1）知识。要明确十几年寒窗苦读从专业课程中学到了什么，清楚自己的知识面构成如何等。专业在一定程度上决定你的职业方向，因而尽自己最大努力学好专业课程是职业规划的前提条件之一，要善于从中总结，真正化为自己的智慧；而知识面的合理构成则会符合社会对复合型人才的需要。

（2）经验。你具有什么社会经验？你有什么样的人生经历和体验？对于刚毕业的职业院校学生而言，这主要表现在校期间担任的学生干部职务，曾经参与或组织的实践活动，曾获得过的各种奖励等。这些情况可以从侧面反映出一个人的素质状况。在自我分析时，要善于利用过去的经验选择，推断未来的工作方向与机会。

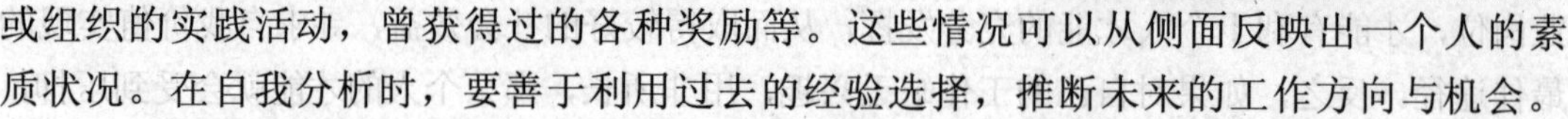

（3）成绩。你做过什么成功的事情？你可能做过很多事情，但成功的是什么，最成功的又是哪一件？为何成功，是偶然还是必然？通过分析，可以发现自我性格优越的一面，比如坚强、果断，以此作为个人深层次挖掘的动力之源和魅力闪光点。

2. 劣势分析

很多人都不喜欢直面自己的缺点和短处。其实，劣势并不总是一无是处。知道自己的劣势，不至于使自己盲目自信，趾高气扬；分析自己的劣势，不至于使自己因为劣势而无端自卑，垂头丧气。与优势分析相似，劣势可从以下角度进行分析。

（1）知识不足。我们无法想象一个什么都不懂的人能为企业带来效益，因此，专业学得不好要尽量弥补，知识面狭窄要从现在开始广泛涉猎。俗话说“活到老，学到老”，而职业院校学生尚且年轻，亡羊补牢，犹未晚也。

（2）性格弱点。一个独立性过强的人会很难与他人默契合作，而一个优柔寡断的人也难以担当企业管理者的重任。卡耐基曾说，人性的弱点并不可怕，关键要有正确的认识，认真对待，尽量寻找弥补、克服的办法，使自我趋于完善。

（3）经验缺乏。也许你曾多次失败，总也找不到成功的道路；也许需要你做某项工作，而你之前从未接触过，这都说明经历的欠缺。其实欠缺并不可怕，怕的是自己还没有认识到，甚至还一味地不懂装懂。

了解自己的劣势，求职时可以避免突发事件处置不当而导致用人单位产生误会。认识到自己的缺点，平时要对症下药，从以下几个方面努力改正。

（1）要加强学习。针对自身劣势，制定出自我学习的具体内容、方式、时间安排，尽量落于实处，便于操作。

（2）投身社会实践。尽可能在社会实践中锻炼才干，不断总结提高。要主动参与学生活动，接触各色人群，多看、多听、多写，锻炼自己能力欠缺的方面。如果可能的话，不妨把自己的收获体会用文字表达出来，这对帮助提高更为直接。

（3）要虚心请教。家庭、同学、朋友、师长和专业咨询机构都可以成为个人提高的有力支援，要学会求得他人帮助。对自己了解最深的莫过于你周围最亲密的人，多听听他们的经验与教训以及对自己的评价，尤其是注意他们对你的职业选择和人生发展方向的建议与评价。各类专业咨询机构在指导个人认识和选择职业方面都有一套比较完整的测评手段，也可以借助他们加深自我认识，全面了解。

阅读材料

人类气质的分类

第一种类型称为多血质，也叫活泼型。具有这种气质的人的特点是活泼好动，善于交际，思维敏捷，富有朝气，易适应新环境，感情易变且外露，一旦事业受阻或需要付出艰苦努力时，其热情大减，情绪波动大。这种人一般适合从事外交、管理、记者、公安等应变性较强的工作。

第二种类型称为胆汁质，也叫战斗型或不可抑制型。具有这种气质的人的特点是热情直率，思维敏捷，精力旺盛，容易冲动，脾气暴躁，感情明显外露。这种人工作热情高，知难而进，干劲足，但受到打击后易失去信心。这种人一般适合从事推销、外事、监督等应急性强、难度大的工作。

第三种类型称为黏液质，也叫安静型。具有这种气质的人的特点是安静稳重，沉默寡言，善于忍耐克制，不好空谈，注意力集中，遇事沉着冷静，严守生活秩序和工作制度。这种人一般适合从事医生、法官、管理、出纳、会计、调解等条理性强、需要细心和耐心的工作。

第四种类型称为抑郁质，也叫抑郁型或弱型。具有这种气质的人的特点是好静、腼腆、孤僻，感受能力强，情绪不易外露，动作迟缓，易与人相处，责任感较强，但经不起外界刺激，遇到危险容易感到恐惧。这种人一般适合从事秘书、统计、雕刻、检查、化验、排版等责任感强、细致入微的工作。

在现实生活中，单纯属于哪一种气质的人并不多见，常见到的是具有“混合型”和“交叉型”气质特点的人，只不过其气质特点中某种气质表现得突出一些。毕业生择业时，对自己的气质进行评价，不是为了寻找自己的缺点，而是为了能找到发挥自己潜能的工作，为了不断完善自己以适应工作。

资料来源：王雁. 普通心理学. 北京：人民教育出版社，2002 年.

1.4.2 自我评价的原则

自我评价是建立在自我观察与自我分析基础上的自我身心素质的全面评估。自我评价的具体方法，主要包括自省、听取他人评价、接受他人或自行进行心理测验等。对于择业期间的职业院校学生来说，应当注意使用正确的自我评价方法，既要重视躬行自省，又要广泛听取他人意见。要重视心理测量结果的重要参考作用，但不应对其产生绝对依赖。不论采用何种方法，都要注意相互之间参照与综合，把握好以下原则，这样才有利于做出准确全面的自我评价。

1. 适度性

自我评价应该适当。不适当的自我评价有两种：过高评价和过低评价。过高评价往往使自己脱离现实，意识不到自己的不是，甚至自傲狂妄，由自信走向自负；过低评价往往忽视自我的长处，缺乏自信，过于自卑。过高或过低的自我评价对自己都是不公正的。

2. 全面性

自我评价应当全面。也就是说，既要看到自己的优点和特长，又要看到自己的缺点和不足；既要对自我某一方面的特殊素质进行具体评价，又要对其他各个方面的整体素质进行综合评价；既要考虑到全面的整体因素，又要考虑到其中占主导地位的重点因素。任何一种片面的、孤立的、不分主次的自我评价，显然都不可能全面而正确地反映自己的整体素质状况。

3. 客观性

自我评价还应当掌握客观性的原则。尽管是自己对自己进行观察、分析和评价，但毕竟需要以客观事实作为基础和依据。常言说：人贵有自知之明，“自知”的可贵之处在于其难度，“自知”之所以难度大，就在于自知的过程往往会受到个人主观因素的限制和干扰。只有努力克服和排除这种限制及干扰，才有可能使自我评价趋于客观和真实。

4. 发展性

自我评价时，应以发展变化的眼光看待自己。世间万物都不可能是静止不变的，包括自我评价者自己。今日的自我，已不同于昨日的自我；明日的自我，相对于今天也会有所不同。自我评价不但应当对自己的现实素质作出适当、全面、客观的评价，而且应当着眼于未来的发展变化，有预见性地估计自己将来的发展潜力和前景。

1.4.3 自我评价的方法

人们对自我性格和自我能力的定位，往往会决定自己的行为。自我认知强烈地限制人们的职业选择，我们必须找出一个真实的自我形象，勿使自我过度膨胀，或者让形象含有不可能实现的华丽设想。选择适合自己的职业，“认识自我”是非常重要的第一步。认识自我，就是要认识自己的生理特点，以及理想、价值观、兴趣爱好、能力、性格等心理特点；就是要客观地评价自己，不高估自己，也不贬低自己；就是要认识自己的优势、劣势，自己的与众不同和发展潜力。自我的生理特点，如身高、体重，能够比较容易地测量出来，那么，怎样能够客观地认识自我的心理特点呢？一般可通过以下几个环节进行。

1. 自我现实分析

（1）要正确地认识和把握自我，对自己的人生态度、兴趣和成功的理想有充分的认识。应对诸如“我的人生需求到底是什么？什么对我是最重要的？”等问题进行深入思考，充分认识自己的人生态度。兴趣可以弥补能力和知识的欠缺，因而把兴趣和职业方向联系起来至关重要，不可因利益驱动而抹煞自己的兴趣。对成功的理解定位是确定职业的重要砝码，传统意义上，有一份“高薪水、高品位、高自由度、高个性化”的工作就是成功，其实，从更深层次上讲，实现自我对社会的贡献和社会对自我的满足和承认，才是成功的本质。

（2）要正确地对知识、能力、个性、特长等方面进行分析，确定自己最适合的职业。充分理解知识影响专业背景，能力影响职业素质，人际关系影响发展前景，特长影响成功，有时尽管你对某一职业感兴趣，也拥有相应的知识，但如果你的个性和能力表明你不适合从事这项职业，固执地选择和坚持只会造成人才资源的浪费。

（3）要考虑社会的需要。择业时考虑个人因素是合理的，但前提是这种选择要符合社会的需要。人是现实性、社会性的统一体，个人期望与社会需求有效结合，才是最合理的选择。目前，在学生甚至在一部分教师中存在着这样一种错误观念，即认为自主择业就是自由择业，想去哪儿就去哪儿，想干什么就干什么。这是非常错误的，必须意识到择业的主客观约束条件，也就是自我职业适应性与社会需求的综合限制因素。具体而言，只有把国家经济发展、政治形势、就业政策导向、行业发展前景、职业性质、岗位要求等客观要求与个人主观愿望有机地统一起来，摆正二者的关系，才会使自己成为社会所需要的人才。

2. 运用测评手段

心理测验是一种力求客观的测量手段，它的特点是能够在较短时间内测出一个人某方面的特点，并且这一特点是在与群体的比较中得出的。通过计算机或心理专家测量，个人能够在短期内获得对自己较为客观的描述和评价。通过评估分析自我的特点，再结合职业的要求，帮助自我进行职业选择，这也就是通常意义上的“人职匹配”。了解自我可以帮助个人做出更好的职业选择，具体操作中，必须准确理解测验报告，要知道测验结果只具有参照性，是帮助自我分析的方法之一。

3. 总结过去的经验

回顾过去的经历，对自己的想法、期望、品德、行为进行理性思考，然后认真地描述和判断自己的特点。在这个过程中，需要搜集个人信息，耐心地分析。比如，问一下自己：过去我做过什么自己确实喜爱的工作，喜欢这些工作的哪些方面？现在我仍喜欢它们什么？我喜欢处理人际关系，还是喜欢处理具体问题或处理信息情报的技术？什么能激发我的活力，什么令我感觉倦怠乏味？另外，要对过去的成功经验和教训进行回顾，分析自己过去有哪些成功，哪些不成功，原因是什么，除了客观因素外，自己在哪些方面需要改进。需要注意的是，要尽量以客观评价为依据，避免因为个人认识或个人动机出现较大误差。

4. 他人的评价或者与他人比较

他人的评价就是依据他人对自己的态度评价自己。可以了解家长、老师、同学、朋友对自己的评价和态度，还可以通过与自己条件相似的人比较来评价自己。需要注意的是，要采用正确的方法理解和分析他人对自己的态度和说法。

5. 通过专家咨询认识自我

职业院校学生到就业指导中心、专业咨询机构进行咨询，是一种有效而快捷的方式。咨询人员会用他的学识、经验以及科学的咨询技术给个人提供帮助，在咨询过程中个人会获得大量的知识和信息资料，获得对问题的重新认识。

1.4.4 个性特点与职业选择

下面重点探讨价值观、兴趣和性格等个性特点对职业选择的影响。研究表明，个性特点与职业选择关系密切，一个人的个性特点对其职业选择有着深远的影响，其关系如图 1-1 所示。从事“适合你”的工作能够避免挫折，同时也能持续拥有对工作的满足感和享受。

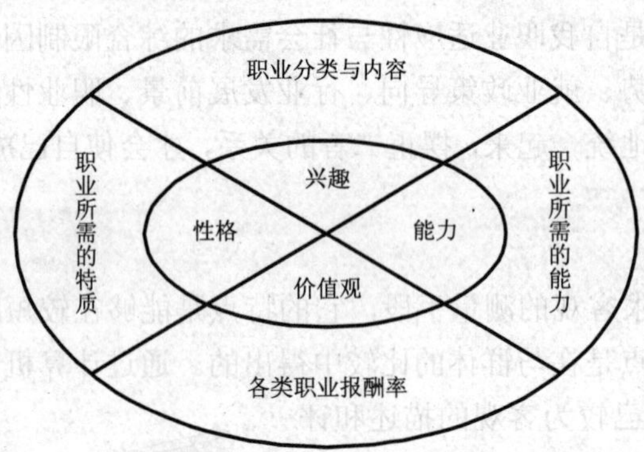

图 1-1 职业选择影响因素

1. 价值观与职业选择

任何人在选择职业时都会受到一定动机的支配，而择业的动机一般都是由价值观决定的。在选择职业的过程中，人们总是盼望所选择的职业能够满足自己的某种物质和精神需要。

在职业选择与发展中，价值观是根基，关系到回答“我为什么要工作？”的根本性问题。因此在职业生涯规划和职业选择时，我们应当重视对自身价值的澄清，培养对工作的健康合理的价值观，追求有意义的人生。

职业价值观是指一个人对各种职业价值的基本认识和基本态度。人们对某种社会地位的仰慕，其实是对这一社会地位所占有的职业的仰慕，由此产生了人们对社会不同职业的评价，也相应地形成了个人对待职业的态度，产生了职业价值观。它指向我们一生中最重要的东西，是个体行为背后的深层次动机，对个体的职业选择和发展起到重要的激励、影响作用。

社会上的各种职业都有一定的价值，不同的职业体现着不同的价值内容。由于各种职业的工作条件、工作方式、工作强度、工作性质，以及工作的社会和经济效果都不相同，社会舆论也会对这些价值内容做出评价，所以，人们在思想上会对不同的职业做出不同的评价，表现不同的态度。

由于时代的不同，职业的社会评价也会有所不同。比如，在战争时期，军人的地位就会很高，青年中自然就会出现“从军热”，并以从事军人这个职业作为自豪的倾向。在经济备受重视的年代，成为一个企业家、创业者、自由职业者又会变成人们的愿望。另外，人们职业价值观的形成，除了受到社会和时代的制约外，还要受地域、家庭的影响。

从企业选人的角度也能够很好地揭示价值观的重要性。为什么麦肯锡的咨询顾问很多并不是出身于管理专业？为什么一些学业上并不突出的同学能够在竞争激烈的应聘中胜过那些学习成绩突出的人？为什么外企在招聘储备人才的面试中总是会有“你最大的成就是什么”、“你最大的优缺点是什么”等看似非常普通的问题？其实这些都和价值观有非常密切的关系。因为一个人在职业上的价值观念和他能取得的成就是息息相关的，与此相比，一时的学习成绩反倒成了细枝末节。

2. 兴趣与职业选择

现在有两份工作摆在你面前：一份工资待遇高，但与自己的兴趣并不吻合；另一份工资待遇低，却是自己喜欢的，你将如何选择呢？“我会选择自己喜欢的工作”，相信你会这样回答。而且是大多数人的答案，之所以如此，正因为它仅仅是一个假设。现代社会价值观不断教导人们要“自由选择”，要选择“对人生有价值的东西”，而一旦面对现实，我们的心理天平就会倾斜，尤其是当收入水平高低的差距超出了我们心理承受能力时，大多数人都会失衡。

问题是否可以这样来考虑，先接受那份待遇高而自己不感兴趣的工作，积累一定的财富后，再去追求自己的兴趣爱好也不迟。这才是大多数人的真实想法。

一项针对 1 500 名哈佛商学院毕业生的研究，追踪他们从 1960 年到 1980 年间的事业发展。这些毕业生在一开始就被分成两组，第一组的人说想先赚钱，然后才能做自己想做的事。第二组的人则先追求他们真正的兴趣，认为以后财源自然会滚滚而来。其中，想先赚钱的第一组占 83%，1 245 人。追求兴趣的第二组占 17%，255 人。20 年后，两组共有 101 名百万富翁，1 人属于第一组，100 人属于第二组，如图 1-2 所示。即将走出校门的你，决定要走哪一条路？

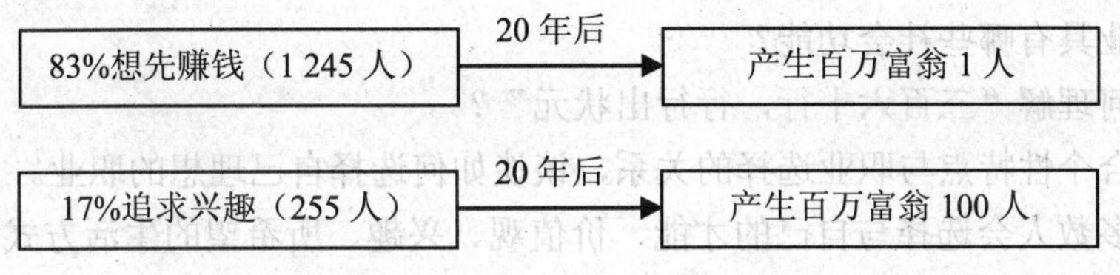

图 1-2　兴趣与职业选择调查

兴趣对职业选择的重要性可能是你始料不及的。一开始影响你选择的往往是薪水高低等因素，但慢慢会发现，如果长期干自己所不喜欢的工作，就会备感厌倦，就会变成一个简单的赚钱机器。

很多人都忽视了这样一个事实：工作本身也是生活的一部分，工作质量的高低决定了生活质量的高低。工作并不是毫无感情的，它对于人生的意义绝不亚于衣食住行。实际上，它更是你实现理想的途径，是使你生活得快乐幸福的隐形伴侣。

对于现代人而言，工作不只是简单地为了解决吃饭，人们更希望通过工作或事业的发展来达到自我价值的肯定。一项工作不仅仅是花上几个小时来赚得一份薪水，而且是你得以将自己的天赋贡献给世人的最伟大的礼物。如果你认定工作（work）就是意味着心甘情愿地（willingly）向他人提供（offer）资源（resources）和知识（knowledge），那么你的生活就会发生转变。

如果你喜欢你的工作，那么对你来说，每一天都是假日。乐趣就是把工作变成游戏，等到你分不出工作与游戏的差别，你才能真正开始盈利。有些人觉得演讲是工作，但有些人却觉得演讲是游戏，工作与游戏的本质其实没有什么差别，两者都需要耗费心力与体力，其间的差别只在你的心态而已。

3. 性格与职业选择

性格是一个人较稳定的对现实的态度以及与之相应的习惯化的行为方式，它是由各种特征所组成的有机统一体。性格是在社会实践中逐渐形成的，并会经常地、习惯地表现在个人的言行、表现、工作等方面，性格具有可塑性。

性格与职业有着非常密切的关联，性格类型与职业类型的匹配度，决定着事业的成功与否。与职业有关联的最重要的个人特征是性格、兴趣及能力，其中性格决定着人的行为方式及特点，兴趣表现出行为的倾向性，而能力是顺利完成某种活动并影响活动效率的心理特征。这里面性格起着最重要的作用，反映了一个人独特的行为方式，是与他人区别的重要标志。每一种职业岗位都有独特的行为要求，而这种要求是否与个人的性格行为趋向一致，将决定个人的事业是否成功。

那么，如何才能让性格成为自身职业发展的最佳导航者呢？

（1）要正确测定自己的性格，了解性格与职业之间的关联。

（2）要选择适合自己性格的职业，考虑职业与自己性格的匹配度。

（3）要塑造良好的性格。

思　考　题

（1）职业具有哪些社会功能？

（2）如何理解“三百六十行，行行出状元”？

（3）结合个性特点与职业选择的关系，谈谈如何选择自己理想的职业。

（4）大多数人会选择与自己的才能、价值观、兴趣、所希望的生活方式相匹配的职业吗？这么做会遇到什么障碍？

（5）针对目前我国职业发展现状，结合你所学专业，写一份你未来的职业发展规划。

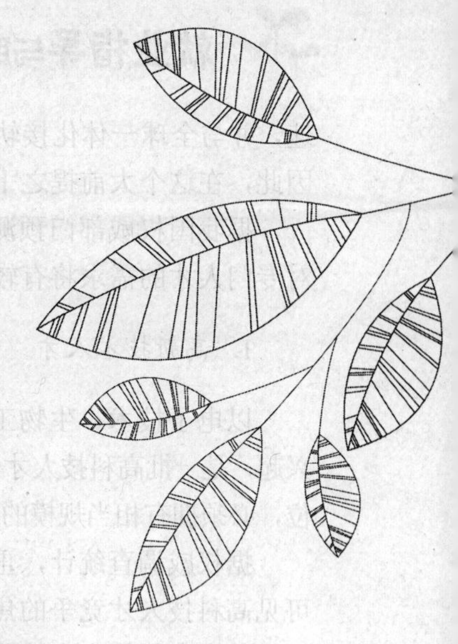

第2章 了解环境

目前，我国的市场经济体制正在不断完善，经济结构发生了很大变化，对人才的需求也相应地发生了变化。这些变化导致职业院校毕业生就业出现了暂时的结构性困难，尤其是2008年美国次贷危机引发全球金融危机，使就业形势更加严峻。虽然“双向选择”、“自主择业”是当前职业院校学生就业的基本制度，但“自主择业”并非自由择业，不同地区接收毕业生的办法不尽相同。因此，掌握毕业生就业的相关制度和政策，了解就业市场的动态，是职业院校学生顺利就业的前提。

2.1 职业环境要素分析

所谓职业环境分析，就是要认清所选职业在社会大环境中的发展状况、技术含量、社会地位、未来发展趋势等。进行职业环境分析的要求是，通过职业环境分析弄清职业环境对职业发展的要求、影响及作用，对各种影响因素加以衡量、评估并做出反应。关注当前热点职业有哪些？发展前景怎样？社会发展趋势对所选职业有什么影响？要求如何？

2.1.1 社会环境分析

所谓社会环境分析，就是对我们所处的社会政治环境、经济环境、法制环境、科技环境、文化环境等宏观因素的分析。社会环境对我们职业生涯乃至人生发展都有重大影响。通过对社会大环境包括国际、国内与所在地区3个层次的分析，来了解和认清国际、国内和自己所在地区的政治、经济、科技、文化、法制建设、政策要求及发展方向，以更好地寻求各种发展机会。

总体来说，我们现在面临一个非常好的宏观环境，社会安定、政治稳定、经济发展迅速，并与全球一体化接轨，法制建设不断完善，文化繁荣，尖端技术、高新技术突飞猛进。因此，在这个大前提之下，我们需要特别注意的是职业环境的变化。

据我国权威部门预测表明，随着我国经济与社会的发展，科学技术的进步，今后几年对专门人才的需求将有较大的变化。急需的人才和有前途的职业主要有以下10大种类。

1. 高新技术人才

以电子技术、生物工程、航天技术、海洋利用、新能源、新材料为代表的高新技术的兴起，是一批高科技人才研究、开发的结果。当代任何一个国家，要在高科技领域占据主导地位，必须拥有相当规模的杰出科学家，并使科学家队伍平均年龄尽量接近“最佳年龄区”。

据权威调查统计，重大科学发现的最佳年龄峰值为37岁，最佳年龄区为25～45岁。可见高科技人才竞争的焦点是年轻科学家。目前我国已实施“长江学者奖励计划”，其目的就是使中青年拔尖人才脱颖而出。

与高新技术相关的专业有电子科学与技术、软件工程、海洋科学、海洋技术、材料物理、材料化学、高分子材料与工程、热能与动力工程、核工程与核技术、飞行器设计与工程、飞行器动力工程、飞行器制造工程、飞行器环境与生命保障工程等。

2. 信息技术人才

信息积累和传播是人类文明进步的基础，信息已成为人类最大的资源及财富。

信息服务业在中国已有20多年的发展历史，但人员数量并不多。近年来信息服务业的发展速度很快，20世纪末全国信息服务企业有8万多家，110多万人。到2010年，我国从事信息服务所需人员将达700万～900万人。到2020年，我国将建成全球最大的信息服务网。

与信息技术相关的专业有电子信息科学与技术、计算机科学与技术、微电子学、光信息科学与技术、电子信息工程，通信工程等。

3. 机电一体化专业人才

机电一体化已是当今世界机械工业技术和产品发展的主要趋势，也是我国机械工业发展的必由之路。然而，我国现有的机械专业人员的知识结构与当今机械工业的发展极不相称。学机械专业的，对电子、自动控制技术懂得较少；学电子专业的，对机械专业知识掌握得也不多，不能将机械与电子进行有机的结合。在科学技术竞争激烈的21世纪，对我国机械行业40余万家企业而言，机电一体化专业人才就是保证其生存的“新鲜血液”。

与机电一体化相关的专业有机械设计制造及其自动化、材料成型及控制工程、过程装备与控制工程、自动化、电气工程及其自动化等。

4. 农业科技人才

用世界上7%的耕地，养活了占世界22%的人口，这是中国目前农业的现状。人口在增加，耕地却在减少，中国人将来吃什么，已是国内外普遍关心的一个重大问题。

为此，农业科学家们提出了发展我国农业的新思路，依靠现代科学技术，培养专业技术人才。因此，21世纪所需的农业科技人才，不是几十万人，而是几百万人。所需人才的专业门类，不仅包括传统的农、林、畜、牧专业，而且还需大量的生物工程、海洋养殖耕作等现代化的新兴专业。

与农业科技相关的专业和专业有农学、园艺、植物保护、茶学、草业科学、林学、森林资源保护与游憩、野生动物与自然保护区管理、动物科学、蚕学、动物医学、水产养殖学、海洋渔业科学与技术等。

5. 环境保护技术人才

我国的环保产业一诞生，就成为经济舞台上的一支劲旅。目前职业生涯规划与管理，环保技术人才的严重不足，是该产业存在的主要问题之一。据权威统计，我国环保产业人员约为7万余人，其中技术人员4万余人。在专业技术人员中，高级职称近2 000人，中级职称1万余人。据有关部门的不完全统计，我国每年因污染造成的经济损失约2 000亿元，长江上游每增加一个亿的产值，下游就要损失10亿元。由此可见，现有的环保技术人才难以适应国民经济的发展需要，我国急需大量的环保科技人才。

与环境保护技术相关的专业有环境科学、环境工程、生态学、园林、水土保持与荒漠化防治、农业资源与环境等。

6. 生物工程研究与开发人才

21世纪是生物学的世纪，遗传基因、克隆技术、生物芯片、基因药物、基因治疗，这些高科技、新技术的不断发展，使生物科学对社会和科学技术各个领域的影响日益加深，现代生物学已成为当之无愧的当代“中心科学”。

众所周知，生物技术是目前世界上最活跃、最令人鼓舞的前沿科学，在工业、农业、医学、环保领域都具有很大的经济前景。生物技术的发展不仅可以为人类提供新的产业，而且将为解决人类所面临的食物、能源和环境三大危机发挥重要作用。因此，近几十年来工业发达国家都在大力发展生物技术，培育、招揽生物技术人才。

与生物工程研究与开发相关的专业有生物科学、生物技术、生物信息学、生物信息技术、生物化学与分子生物学等。

7. 国际经贸人才

在世界经济中，国际性的营销是企业生存的关键因素之一，要求经贸人员不仅具有日常生活所需的听、说、写、译的外语能力，还应懂得国际外贸知识、国际贸易谈判规章和国际经济法律、营销技术、基本的产品专业知识等。目前，我国的国际经贸人才在数量上严重不足，在业务上、素质上符合国际贸易人才条件的为数也不多。在21世纪，随着信息社会的发展、地球村的出现、信息高速公路的建成，与国外的贸易往来将进一步增大。因此，大批量地培育国际经贸人才已成为我国人才培育工作所面临的一项重要任务。

与国际经贸相关的专业有经济学、国际经济与贸易、财政学、职业生涯规划与管理金融学等。

8. 律师人才

随着社会的发展、法制的健全，人们的法律意识不断增强，企业不但希望有个出色的法律顾问，帮助企业挣得更多的利润，个人也十分需要私人律师来维护自己的合法权益。

因此社会对律师人才的需求也在不断增加。然而，我国当前律师人才十分缺乏，据不完全统计，目前我国取得律师资格的专职律师还不到 2 万人，平均每 10 万人口只有两名律师，无论是数量还是质量都远远不能适应社会的需求。如果按每万人需要 1 名律师计算，我们十几亿人口就需要 100 多万名律师。因此，未来律师人才的就业前景十分可观。

市场经济的本质是法治经济，政治文明的核心是法治文明。依法治国，建设社会主义法治国家，是市场经济的必然要求，是治国安邦的基本方略。全面展开的法治实践需要先进成熟的法学理论的指导，法学学科具有广阔的发展空间和美好的发展前景，法学专门人才可在审判、检察、司法行政、律师、公安等部门工作，也可从事立法、法学教育、法学研究以及行政管理和公司、企业的法律顾问等工作。

9. 保险业精算师

“精算师”称得上保险业的“精英”，是集数学家、统计学家、经济学家和投资学家于一身的保险业高级人才，不仅要具备保险业的专门知识，而且还要具有预测未来发展方向的能力。我国的《保险法》规定，经营保险公司必须聘用一名金融监管部门认可的精算师。而据中国保险学会介绍，目前在 12 亿中国人中却只有几十名严格意义上的精算师，这种状况显然无法适应我国保险业迅猛发展的需要。据预测，在未来几年内，我国精算师的市场需求量将在 4 000 人左右。

保险专业精算师需要具备良好的数理基础、经济学基础和外语基础，掌握从事保险精算工作的基本理论和基本技能，并熟悉保险精算技术和经济活动定量分析。在国外保险公司中，精算师是所有业务，特别是产品设计的绝对核心，保险公司的每个部门几乎都有精算师参与工作。而我国保险市场正在起步阶段，国内消费者的投资理念与国外有很大差别，所以“洋”精算师对中国的市场环境不是很了解，并不适合中国国情。本土精算师熟悉国情，了解市场，有助于开发适销对路的产品，国内的保险监督委员会、各大保险公司、已获准开业的外资保险机构、合资保险机构、社会保障部、民政部、财政部、银行系统等单位都对精算人才有较大兴趣。

10. 物流专业管理人才

作为与能源、信息流并列的物流业，是继劳动力、物流资源之后的第三个利润的源泉。据有关人士预测，仅全球快递营业额，将从 1996 年的 350 亿美元发展到 2016 年的 2 850 亿美元。我国加入 WTO 后，物流业将成为我国经济的重要组成部分。同时物流及相关企业面临的竞争压力剧增，在物流这个领域中，我国与发达国家的差距，不仅仅是资金、技术上的差距，更重要的是知识、观念和人才上的差距。例如，当前国内企业超过 1 000 万家，而真正利用现代物流管理方法整合企业管理流程的不过万家。搞好物流，人才是关键。在上海去年首次颁布的人才开发专业目录中，现代物流人才已被列为急需引进的 13 类紧缺人才之一。近几年，既具有商科背景，又懂得物流管理的，并具有扎实的英语听、说、读、写能力的中高级物流专门人才迅速走俏，甚至出现“二三十万元年薪，虚位以待物流人才”。今后 3～5 年，需要培养、引进大量的专业物流人才，因此物流专业人才的就业前景非常看好。

2.1.2 行业环境分析

研究和分析一个产业，我们首先要看影响产业的发展因素。在此我们采用纵向对比的分析方法，切开行业发展的历史来研究和分析行业发展的环境。由于产业的发展前景与很多因素有关，根据不同的因素侧面反映了不同的划分标准，以下有几种常见的划分方法。

根据产业的未来预期划分，可分为朝阳产业和夕阳产业，如目前的生物技术和信息产业都是属于朝阳产业，发展前景一片光明，正所谓“道路是曲折的，前途是光明的。”几十年后或许就成为了夕阳产业。诞生于十九世纪的钢铁业和纺织业就是明显的夕阳产业，未来发展前景不容乐观。朝阳产业和夕阳产业具有一定的相对性，在发达资本主义国家已经日臻成熟的如微电子行业在某些发展中国家才刚刚起步，处于朝阳行业的位置。所以发达资本主义国家往往以跨国公司投资的名义，转移在国内的生产技术和设备到发展中国家谋取利益。所以我国的企业也要适时地“引进来，走出去。”去开拓国外市场。我国经济地区和城乡发展的不平衡也可能造成产业的发展不平衡，新兴产业由东部向西部、由城市向乡村转移已经成为一种趋势。再加上政府政策上的支持，给予企业良性且健康的发展环境。如果企业的发展实力比较弱，竞争力不强，为何不把企业的发展战略转移到西部或者走“农村包围城市”道路，以寻求企业的长远发展。

产业按照所采用的技术的先进程度，可分为新兴产业和传统产业。一般来说，传统产业多为夕阳产业，新兴产业多为朝阳产业。因为产业的发展周期存在着一定的限制。从诞生、发展、繁荣、衰落，按照传统的行业估算一个产业的发展周期值一般为 120 年。按照产业对资源和技术的依赖程度，产业的周期起伏不定，或长或短。一般来说，对资源的依赖程度越大，行业周期就会越短，例如，钢铁、纺织行业；对技术的依赖程度越大，行业周期越长，例如，生物技术、太空技术等。

一般而言，一个新兴行业的诞生，并不预示着巨额的利润，因为这时候市场反映较为迟钝，产品并不一定为消费者所接受，市场容量极小，例如，20 世纪 50 年代的计算机行业，几乎无人会去购买计算机。行业的发展初期，进入门坎比较低，特别是一些劳动和资源密集型的行业，例如，纺织，市场的竞争压力比较小，企业利润空间较大，且没有形成规范的市场秩序，处于群雄并起的时期。等到企业发展到一定阶段，市场逐渐趋于饱和，行业也走向成熟。行业内的几经整合，形成了各企业间和平共处的状态，产品差异化战略成为一种新的发展趋势，产品开始细化和个性化分工，以满足不同年龄、族群、阶层消费群体的需求。这事实上节约了社会成本，减少了因为产品剩余而造成的资源浪费。

价格战已经不再成为一种主要的竞争手段，后差异化战略是行业市场成熟的标志。此时，由于利润空间的减少、成本的限制因素，供应商系统和销售网络也趋于稳定，不会产生太大的变化，行业产品与替代品之间也会形成稳定的量比价关系，不会造成过多消费者的流失，转向其他消费品。这种平衡状况在行业内是相对稳定的，在企业间却是不稳定的，一般大企业是新技术的研发者，新技术的引入必然会打破这种均衡。事实上，如果某一行业发展速度明显高于其他行业，就会使替代品的量比价关系发生变化，就会吸引替代品的消费人群向这一行业转移，包括国家间的转移，自然利润也会随之转移，产生整个社会甚至全球的连锁反应，例如，计算机行业改变了全球的经济结构。视情况而定，提升或者迟滞其他行业的发展。

产业的发展周期（又称生命周期）具有伸缩性，为了简明起见，我们以我国家电行业的发展为例来进行说明。20 世纪 80 年代初期，中国家电市场才刚刚起步，即所谓的市场缺失，随着改革开放的步伐加快，中国家电企业风起云涌，首先要做的就是建立一个完全的企业，抢占先机占领市场，即所谓的“抢占地盘”。这时候，市场的开拓比较容易，政府政策支持该行业发展，限制条件较少。行业划分还不成熟，形成不了行业内部正面的竞争，只有企业发展速度和营销网络的潜在优势竞争这一暗流涌动。因为搜寻和开拓新市场比行业内部竞争机会成本要小得多，建立的新市场也相对比较稳固，投资回报率也就较高。这个时期的著名的企业有康佳、TCL、创维、海信、乐华、厦华、熊猫等。此时的企业的主要特点就是无限的扩大生产规模，创造市场容量。然而市场具有一定的空间，即有限性。当市场被瓜分完毕，这就无形中阻止了其他企业进入该行业。

当行业的发展日渐成熟，由于企业对利润的无限追求，导致企业开始寻求用不同的方式和自己的优势对外扩张，其他企业也会有类似的战略倾向，更不会坐以待毙。于是行业内部的竞争不可避免的发生了，各大企业东侵西掠的兼并战争开始了，或许只有少数赢家，或许没有一个赢家，20 世纪 90 年代的彩电价格大战就是一个很好的案例。这就涉及企业的战略、战术，行业内部不同企业的实力和规模不同，造成了不同的企业战略目标和生存理念。例如，1998 年的海尔稳定了国内市场，就适时提出了国际化战略。而面对同行业激烈的竞争，同时期格力空调的初期目标就是立足国内发展，直至最后出现繁荣的局面。这时候消费者的质量意识开始觉醒，此时的企业切忌盲目扩张规模，而不注重产品的质量和品牌效应。

进入 21 世纪特别是 2007 年后家电行业已经趋于成熟，其表现特点是：①市场增长放慢，竞争更趋激烈，已经到了“微利是图”的境地。②企业间的竞争更多的是技术和成本的竞争，更加强调成本优势和服务质量。③市场分割不再是简单的区域划分，市场划分更加趋于扁平化、层次化，产品更加精细。④行业生产能力开始过剩。⑤由于技术更加成熟，变革主要是生产与经营管理模式的变革。⑥企业开始寻求国外市场，国际竞争压力增大，受国际贸易壁垒和价格影响较大。⑦利润率逐渐下降，是一种长久趋势还是暂时现象无法确定。⑧中间商的利润下降——价格谈判能力提高。所以这一时期的行业进入门槛格外的高，其他企业基本上没有涉足该行业的余地，家电行业的竞争基本上就是海尔、海信、TCL、康佳、创维以及两大销售网络国美和苏宁的竞争。所以说，企业的发展离不开行业市场的变幻，但是无论怎么样变化，终究逃脱不了行业的发展周期这一规律。企业在重视微观环境分析即自身分析的同时，也要重视宏观环境以及中观环境分析（行业环境分析），这样才能做到一举兼得，才不会导致企业犯常规的错误，以至战略失误。不同的企业都可以根据实际状况和不同阶段行业发展特点制定不同的战略目标，以清楚的看到自己的位置，乃至所处行业的位置。这一分析方法也可以应用到其他行业的分析，在此不再赘述。

2.1.3 企业环境分析

任何企业的经营活动，都是在市场中进行的，而市场又受国家的政治、经济、技术、社会文化的限定与影响。所以，企业从事生产经营活动，必须从环境的研究与分析开始。

企业环境是指与企业生产经营有关的所有因素的总和。企业环境可以分为外部环境和内部环境两大类。企业外部环境是影响企业生存和发展的各种外部因素的总和；企业内部环境又称企业内部条件，是企业内部物质和文化因素的总和。

企业与环境之间存在着密切的联系。一方面，环境是企业赖以生存的基础。企业经营的一切要素都要从外部环境中获取，如人力、材料、能源、资金、技术、信息等，没有这些要素，企业就无法进行生产经营活动。同时，企业的产品也必须通过外部市场进行营销，没有市场，企业的产品就无法得到社会承认，企业也就无法生存和发展。同时，环境能给企业带来机遇，也会造成威胁。问题在于企业如何去认识环境、把握机遇。另一方面，企业是一种具有活力的社会组织，它并不是只能被动地为环境所支配，而是在适应环境的同时也对环境产生影响，推动社会进步和经济繁荣。企业与环境之间的基本关系，是在局部与整体的基本架构之下的相互依存和互动的动态平衡关系。因此，企业必须研究环境，主动适应环境，在环境中求得生存和发展。

1. 企业外部环境

企业外部环境又分为宏观环境和微观环境两个层次。宏观环境因素包括：政治环境、经济环境、技术环境、社会文化环境。这些因素对企业及其微观环境的影响力较大，一般都是通过微观环境对企业间接产生影响的。微观环境因素，包括市场需求、竞争环境、资源环境等，涉及行业性质、竞争者状况、消费者、供应商、中间商及其他社会利益集团等多种因素，这些因素会直接影响企业的生产经营活动。

（1）宏观环境分析。宏观环境一般包括四类因素，即政治、经济、技术、社会文化，简称 PEST（political，economic，technological，social）。另外还有自然环境，即一个企业所在地区或市场的地理、气候、资源分布、生态环境等因素。由于自然环境各因素的变化速度较慢，企业较易应对，因而不作为重点研究对象。

①政治环境：是指那些影响和制约企业的政治因素和法律，以及其运行状态。具体包括国家政治制度、政治军事形势、方针政策、法律、法令、法规及执法体系等因素。在稳定的政治环境中，企业能够通过公平竞争获取正当权益，得以生存和发展。国家的政策法规对企业生产经营活动具有控制、调节作用，相同的政策法规给不同的企业可能会带来不同的机会或制约。

②经济环境：是指构成企业生存和发展的社会经济状况及国家的经济政策。具体包括社会经济制度、经济结构、宏观经济政策、经济发展水平以及未来的经济走势等。其中，重点分析的内容有宏观经济形势、行业经济环境、市场及其竞争状况。衡量经济环境的指标有：国民生产总值、国民收入、就业水平、物价水平、消费支出分配规模、国际收支状况，以及利率、通货供应量、政府支出、汇率等国家财政货币政策。

③技术环境：是指与本企业有关的科学技术现有水平、发展趋势和发展速度，以及国家科技体制、科技政策等。例如，科技研究的领域、科技成果的门类分布及先进程度、科技研究与开发的实力等。在知识经济兴起和科技迅速发展的情况下，技术环境对企业的影响可能是创造性的，也可能是破坏性的，企业必须预见这些新技术带来的变化，采取相应的措施予以应对。

④社会文化环境：是指企业所处地区的社会结构、风俗习惯、宗教信仰、价值观念、

行为规范、生活方式、文化水平、人口规模与地理分布等因素的形成与变动。社会文化环境对企业的生产经营有着潜移默化的影响，例如，文化水平会影响人们的需求层次；风俗习惯和宗教信仰可能抵制或禁止企业某些活动的进行；人口规模与地理分布会影响产品的社会需求与消费等。

（2）微观环境分析。微观环境是企业生存与发展的具体环境。与宏观环境相比微观环境因素更能够直接地给一个企业提供更为有用的信息，同时也更容易被企业所识别。

2. 企业内部环境

企业内部环境包括企业的物质环境和文化环境。它反映了企业所拥有的资源以及企业的综合能力，是企业系统运转的内部基础。因此，企业内部环境分析也可称为企业内部条件分析，其目的在于掌握企业现状，找出影响企业生产经营的关键因素，辨别企业的优势和劣势，以便寻找外部发展机会，确定企业战略。如果说外部环境给企业提供了可以利用的机会的话，那么内部条件则是抓住和利用这种机会的关键。只有在内外环境都适宜的情况下，企业才能健康发展。

（1）企业资源分析。企业的任何活动都需要借助一定的资源来进行，企业资源的拥有和利用情况决定其活动的效率和规模。企业资源包括人、财、物、技术、信息等，可分为有形资源和无形资源两大类。

（2）企业文化分析。企业文化分析主要是分析企业文化的现状、特点以及它对企业活动的影响。企业文化是企业战略制定与成功实施的重要条件和手段，它与企业内部物质条件共同组成了企业的内部约束力量，是企业环境分析的重要内容。

（3）企业能力分析。企业能力是指企业有效地利用资源的能力。拥有资源不一定能有效运用，因而企业有效地利用资源的能力就成为企业内部条件分析的重要因素。

2.1.4 岗位环境分析

岗位分析是通过系统全面的情报收集手段，提供相关工作岗位的全面信息，以便改善管理效率。岗位分析是人力资源管理工作的基础，其分析质量对其他人力资源管理模块具有举足轻重的作用。

通过对工作输入、工作转换过程、工作输出、工作的关联特征、工作资源、工作环境背景等的分析，形成工作分析的结果——职务规范（也称作工作说明书）。

职务规范包括工作识别信息、工作概要、工作职责和责任，以及任职资格的标准信息，它为其他人力资源管理职能的使用提供方便。

2.1.5 影响行业兴衰的主要因素

影响行业兴衰的主要因素有技术进步因素、政府的影响和干预、社会习惯的改变。

1. 技术进步因素

在众多技术因素中，最重要的是首先考虑产品的稳定性。通过产品稳定性分析，检验产品的性质及技术复杂性有助于判断产品的未来需求是否保持不变，或出现大幅度变化，而历史资料只能说明过去的产业产品需求。例如，仅以一时风行的产品为基础的行业很快会被淘汰；产品性质较稳定的产业，如钢铁工业和化学工业，其产品需求则有着较长期的稳定性。然而，由于价格构成的变动及其产品需求的减少，这些产品需求较稳定的行业在不同的年份获利能力仍有波动。技术进步对行业的影响是巨大的。例如，电灯的出现极大地削减了对煤气灯的需求。显而易见，投资于衰落的行业是一种错误的选择。投资者还必须不断地考察一个行业产品生产线的前途，分析其被优良产品或其他消费需求替代的趋势。

行业追求技术进步也是时代的要求。目前人类社会所处的时代正是科学技术日新月异的时代。不仅新兴学科不断涌现，而且理论科学朝实用技术的转化过程也被大大缩短，速度大大加快。第二次世界大战后，工业发展的一个显著特点是，新技术在不断地推出新行业的同时，也在不断地淘汰旧行业。例如，在较短的时间里，喷气式飞机就代替了螺旋桨飞机；通信卫星代替了海底电缆等。这些新产品在定型和大批量生产后，市场价格大幅度下降，从而很快就能被消费者所使用。上述这些特点使得新兴行业能够很快地超过并代替旧行业，或严重地威胁原有行业的生存，例如，彩色电视机代替黑白电视机；激光唱片代替普通唱片；电子表超过机械表，以及日本研究成功的数字式高保真磁带对普通磁带行业产生自下而上的严重威胁等情形就是证明。因此，充分了解各种行业技术发展的状况和趋势，对投资者来说是至关重要的。

2. 政府的影响和干预

投资者必须评估政府对特定行业的影响，因为政府可通过多种途径来广泛地影响一个行业，只是程度不同而已。

（1）政府影响的行业范围。政府的管理措施可以影响到行业的经营范围、增长速度、价格政策、利润率和其他许多方面。政府实施管理的主要行业有：公用事业，如煤气、电力、排水、排污、邮电通信、广播电视等；运输部门，如铁路、公路、航空、航运和管道运输等；金融部门，如银行与非银行金融机构、保险公司、商品与证券交易市场、经纪商、交易商等。

政府实施管理的主要行业都是直接服务于公共利益，或与公共利益密切联系的。公用事业是社会的基础设施，投资大、建设周期长、收效慢，允许众多厂商投巨资竞相建设是不经济的。因此政府往往通过授予某些厂商在指定地区独家经营某项公用事业特许权的方法来对它们进行管理。被授权的厂商也就因此而成为这些行业的合法垄断者。但这些合法的垄断者和一般的垄断者不一样，它们不能任意规定不合理的价格，其定价要受到政府的调节和管制。政府一般只允许这些厂商获得合理的利润率，而且政府的价格管理并不保证这些企业一定能够盈利。成本的增加、管理的不善和需求的变化同样会使这些企业发生亏损。

交通运输行业与大众生活和经济发展有着密切的联系。这些产业服务的范围广（国内外运输），涉及的问题多（各地不同的法律、税收和安全规则等），因而有必要由政府统一管理。 金融部门，尤其是银行部门，是国民经济的枢纽，也是政府干预经济的主要渠道之一。它们的稳定关系到整个经济的繁荣和发展，因而是政府重点管理的对象。例如，在美国，政府相继制定了 1890 年《谢尔曼反垄断法》、1914 年《克雷顿反垄断法》和 1936

年《罗宾逊-帕特曼法》等法律对行业的经营活动进行管理。《谢尔曼反垄断法》主要是保护贸易与商业免受非法限制与垄断的影响；《克雷顿反垄断法》禁止可能导致行业竞争大大减弱或行业限制的一家公司持有其他公司股票的行为；《罗宾逊-帕特曼法》则规定某些类型的价格歧视是非法的，应当取缔。政府的行政管理部门在执行其职能时也将考虑反垄断的问题。例如，美国联邦储备局在审查银行合并或银行持有公司股份申请时，通常要考虑反垄断的情况。此外，政府作为国家商品市场上的最大买主对军火工业和许多民用工业也起着重要的影响作用。

（2）政府对行业的促进干预和限制干预。政府对行业的促进作用可通过补贴、优惠税法、限制外国竞争的关税、保护某一行业的附加法规等措施来实现，因为这些措施有利于降低该行业的成本，并刺激和扩大其投资规模，例如，美国纺织业就受到进口关税这一法律的极大保护。同时，考虑到生态、安全、企业规模和价格因素，政府会对某些行业实施限制性规定，这会加重该行业的负担；某些法律已经对某些行业的短期业绩产生了负面作用。在美国，铁路和天然气便能证明政府的干预是怎样影响私人利润形成的。总的来说，政府的干预极大地支持了某些行业的稳定性，否则情况会变得十分混乱。例如，航空业有其自己的正常航线，因而不会出现所有的航班仅在可能获利的城市之间飞行；公用事业的规模保证了某地域只能有一家电力公司，从而避免了潜在混乱，不至于有四五家电力公司在同一条街上竖起自己的电线杆。

3.社会习惯的改变

在当今社会，消费者和政府越来越强调经济行业所应负的社会责任，越来越注重工业化给社会所带来的种种影响。这种日益增强的社会意识或社会倾向对许多行业已经产业了明显的作用。近年来，许多西方国家，特别是产品责任法最为严格的美国，在公众的强烈要求和压力下，纷纷对许多行业的生产及产品作出了种种限制性规定。例如，美国政府要求汽车制造商加固汽车保险杆；安装乘员安全带；改善燃油系统；提高防污染系统的质量等。医药行业也受到政府的专门管制，例如，受美国的仪器与药品管理委员会和消费者的监督。防止环境污染，保持生态平衡目前已成为工业化国家的一个重要的社会趋势，在发展中国家也正日益受到重视。现在发达国家的工业部门每年都要花费几十亿美元的经费来研制和生产与环境保护有关的各种设备，以便使工业排放的废物、废水和废气能够符合规定的标准。其他环境保护项目包括对有害物质（如放射性废料）和垃圾的处理等。从上面的分析可知，社会倾向对企业的经营活动、生产成本和利润收益等方面都会产生一定的影响。

2.2 就业制度

职业院校学生就业制度作为教育体制的组成部分，必须与我国的生产力和经济、政治体制以及其他体制改革相适应，并随着各项体制改革的深化而不断深化。

现行的职业院校学生就业制度由毕业生就业的有关方针政策、就业管理体制和服务保障体系、职业院校学生人才市场等方面的内容构成。

1. 就业工作管理体制

职业院校毕业生就业实行中央和地方两级管理，以地方管理为主的工作体制。中央建立由国务院有关部门参加的职业院校毕业生就业工作联席会议制度，定期研究、协调解决工作中的重大问题。

截至 2004 年 7 月，全国各省、自治区、直辖市人民政府都按照要求建立了职业院校毕业生就业工作领导协调机制。

2. 完善尚未就业毕业生的有关政策规定

对毕业离校时未落实工作单位的职业院校毕业生，本人要求户口和人事档案保留在学校的，按规定保留两年（部分地区政策有所调整，以学生毕业当年政策为准）。在此期间，档案管理机构对保管其档案免收服务费用；本人要求将户口转回入学前户籍所在地的，公安机关应当按照户籍管理规定为其办理落户手续，人事、教育部门所属人才交流服务机构负责办理相关手续。本人落实工作单位前，人事部门所属人才交流服务机构免费为其提供人事代理服务。落实工作单位后，公安机关按有关规定为其办理户口迁移手续。

3. 职业院校学生就业的服务保障体系

职业院校学生就业的服务保障体系主要包括：毕业生就业指导和服务体系、劳动关系调整体系、职业技能开发体系、社会保障服务体系、宏观调控体系、法律法规体系等，建立健全执法监督机制和法律服务机构，以规范市场主体行为和秩序，保护毕业生和用人单位的权益，使毕业生就业市场在公平、公正的健康环境中运行。

4. 就业见习制度

为帮助回到原籍、尚未就业的职业院校毕业生提升就业能力，促进供需见面，尽快实现就业，建立职业院校毕业生就业见习制度。

毕业生见习期限一般为 6 个月，最长不超过 1 年；在见习期间被见习单位正式录（聘）用的，在该单位的见习期可以作为工龄计算；为见习生办理人身意外伤害保险。见习活动结束后，由见习单位对职业院校毕业生进行考核鉴定，出具见习证明，作为用人单位招聘和选用见习职业院校毕业生的依据之一。

为完善离校未就业职业院校毕业生见习制度，鼓励见习单位优先录用见习职业院校毕业生，国务院办公厅 2009 年 2 月发出通知要求，见习期间由见习单位和地方政府提供基本生活补助，提出从 2009 年起，用 3 年时间组织 100 万未就业的职业院校毕业生参加见习。

重要提示

见习期满未被见习单位录用的职业院校毕业生，可继续享受政府提供的免费就业信息和各类就业服务；对有创业愿望的，有关机构将提供项目开发、方案设计、风险评估、开业指导、融资服务、跟踪扶持等“一条龙”创业服务。

5. 就业准入制度

就业准入制度是根据《中华人民共和国劳动法》（以下简称《劳动法》）和《中华人民共和国职业教育法》（以下简称《职业教育法》）的有关规定，对从事技术复杂、通用性广，涉及国家财产、人民生命安全和消费利益的职业（工种）的劳动者，必须经过培训，并取得相应职业资格证书方可就业上岗的制度。

就业准入制度是经济社会发展的需要，也是国际上通行的做法。劳动者要进入相关行业就必须获得相关的资格证书，比如医生、教师、律师等。

职业资格证表明劳动者具有从事某一职业所必备的学识和技能，是劳动者求职、任职、开业的资格凭证，是用人单位招聘、录用工作人员的主要依据。职业院校学生如果在校期间获得相关的职业资格证书，将为自己的求职择业增添砝码。

6. 职业院校学生人才市场

职业院校学生人才市场是社会主义人才市场的组成部分和特殊实现形式，是针对应届毕业生这一特定群体就业特点而建立、专门为职业院校学生和用人单位之间实现双向自主选择、供需优化配置的服务场所，是职业院校毕业生就业过程中涉及的各种社会关系的总和。

人才市场的任务是举办就业洽谈、进行供需信息交流、开展咨询服务等活动，通过市场作用使毕业生找到合适的工作，用人单位得到所需的人员。其基本职能是依法组织市场，根据法律和市场规范运作；维护进入市场的供需双方合法权益，使双方在市场中处于完全平等的地位，保证公开公正地进行双向选择；监督运作过程和达成协议的合理合法性；在双方出现争议时，依法据理进行调解。

职业院校学生人才市场分为有形市场和无形市场两部分。有形市场是指有固定和明确的场所，有固定和明确的开放时间和地点，具有特定参加对象的毕业生就业市场。无形市场是指不受特定时间和空间的限制，由毕业生和用人单位自行选择的就业市场。其主要特征是没有具体的时间、地点和固定的场所，它是无形的，但又是客观存在的。例如，人才信息网、职业院校毕业生就业服务网、单位招聘网站等网络媒体，单位和求职者通过报刊、电视等媒介进行沟通和选择，也属于无形市场的范畴。

2.3 就业的主要方式

自实行“自主择业，双向选择”的就业制度以来，职业院校学生实际上被推到了市场化就业的轨道，并逐步形成了即时就业、延时就业、自主创业等多种就业途径和渠道。

2.3.1 即时就业

即时就业是指毕业生在毕业之前，通过学校推荐及参加毕业生就业市场、人才招聘活动，与用人单位签订就业协议后，毕业时即派遣到签约单位就业。

我们期望每一位即将毕业的同学，应该建立当年尽快实现就业的思想，这于个人、家庭、社会都有利。找第一份工作或未来几年变换工作，不论工作条件如何，福利待遇如何，都应该看作是积累工作经验的时期，必须树立从艰苦行业做起，从艰苦地方开始的思想，敢于吃苦，脚踏实地做好工作才能取得成绩。

目前，毕业生逐渐适应“供需见面，双向选择”的就业制度，就业观念不断更新，毕业生实现即时就业的渠道也呈现出多元化，主要表现为以下两种。

1. 供需见面、双向选择、自主就业

供需见面和双向选择活动是毕业生择业的重要方式，也是毕业生就业的主要渠道。教育部规定，每年 11 月 20 日后，中央各部委、各地方主管毕业生就业工作部门以及各职业院校可举办用人单位和毕业生供需见面会，毕业生和用人单位经过选择相互确定后，应当签订毕业生就业协议书，作为制定就业计划和派遣的依据。此外，毕业生也可以自己到人才市场通过合法的中介公司介绍有关用人单位，自己选择和参加用人单位的招聘，或者以自荐的形式直接联系用人单位。

2. 参加国家公务员录用考试，被录用就业

我国对国家机关行政人员实行公务员制度。为适应中央、国家机关和各省市补充工作人员的需要，国家每年以应、往届毕业生为主要对象招考公务员，因此报考国家公务员也成为少部分毕业生就业的渠道。

国家行政机关录用担任主任科员以下及其他相当职务层次的非领导职务公务员，采取公开考试、严格考察、平等竞争、择优录取的办法。中央国家行政机关国家公务员的录用考试，由国家公务员局负责组织；地方国家各级机关公务员的录用，由省级公务员主管部门负责组织，必要时省级公务员主管部门可以授权设区的市级公务员主管部门组织。国家公务员录用考试的方式采取笔试和面试的方式进行。考试的内容根据公务员应当具备的基本能力和不同职位类别分别设置。一般考试内容包括公共基础知识、行政职业能力倾向测验和申论。当前，公务员考试越来越成为社会的热点，竞争异常激烈，有的岗位甚至达到几千名毕业生竞争 1 个岗位。

2.3.2 延时就业

延时就业是指由于暂时未能找到一个满意的工作单位或由于其他原因，毕业生在毕业前夕，暂缓找单位或先回家庭所在地，然后再就业。

由于就业形势严峻，个别职业院校学生择业意识不强，择业过程中存在等、靠思想，有的干脆不就业，回家依靠父母积蓄生活，社会上称之为“啃老族”。

国务院明确规定：“对毕业离校时未落实工作单位的职业院校毕业生，学校可根据本人意愿，将其户口转至入学前户籍所在地或两年内继续保留在原就读的职业院校，待落实工作单位后，将户口迁至工作单位所在地。超过两年仍未落实工作单位的职业院校毕业生，学校档案管理机构将其在校户口及档案迁移回其入学前户籍所在地。”

暂缓就业政策是国家为了缓和当年就业压力的一项应急措施，实质上这也容易带来一种积累效应，毕业生积累成堆反而带来负面影响。从这几年情况来看，暂缓就业做法对毕业生来说并不是最好的选择。其一，往届毕业生暂缓就业期结束后，学校与之联络不上，只能按规定把户口档案寄回生源所在地，错过了派遣期限；其二，未在当年就业，容易给单位留下“就业期望值过高”或者“自身素质不强”的印象，不利于与师弟师妹们在下一年度竞争就业，心理难免出现失落感，压力更大。

重要提示

在职场中，只有感觉敏锐，逻辑清晰，抓住时机，坚持主见的人，才能笑到最后。

2.3.3 自主创业

自主创业是指职业院校学生毕业后不是向社会“寻求”工作，而是用自己所学知识进行自主创业，即毕业生通过科技创新、社会服务或在某一方面有特长，自己或与他人合作创办公司。自主创业目前已成为广大毕业生的一种新的就业途径，它作为一种新的就业渠道，无疑对毕业生的知识、能力和综合素质等提出了更高的要求。

专家指出，职业院校毕业生自主创业不仅解决了自己的就业问题，而且还给别人提供就业机会和岗位。对当代职业院校学生来说，自主创业是一条光明之路，希望之路。积极鼓励、支持职业院校毕业生自主创业，是党和国家对职业院校学生就业的基本原则。各级政府主管部门针对大学毕业生的创业需要，采取了加强创业意识和创业能力教育，提供针对性项目，指导咨询服务，建立创业基金，提供小额借款担保或贴息补贴，提供工商注册登记优惠或免税费措施，建立职业院校学生创业孵化基地等。这些都为职业院校学生创业提供了良好的环境。

2.3.4 升学深造

升学主要包括以下途径：普通职业院校专升本考试、成人高考、对口升学考试、高等教育自学考试等。通过普通职业院校专升本考试、对口升学考试，继续在学业上深造，一方面可以提高学历层次，另一方面也能缓解社会就业压力。

究竟选择升学还是就业因人而异，每个人的学习、身体、经济等方面的条件都是不同的，关键是要结合自己的特点，作出适合自己的选择。不管你选择就业还是升学，都必须要摆正自己的心态，看清自己的位置，只有这样才能得到有利于自身发展的结果。

重要提示

告诉每个人他们应该走哪条路是不可能的。每个人都应该仔细考察他内心深处真正向往的是什么，然后全力以赴地实现它。

2.3.5 出国留学与就业

伴随着改革开放的不断深入和中国加入世界贸易组织，部分有条件的毕业生可选择到国外留学，继续深造。另外，有不少毕业生可选择到境外机构工作，参与国际人才竞争。出国留学根据经费来源不同，有以下 4 种类型。

1. 公费留学

公费留学是指国家根据需要，按计划派遣由国家提供出国学习、生活及往返旅费的出国留学，一般分为职业院校学生、研究生、进修人员和访问学者等公费留学。因选派部门不同，可分为国家公派和单位公派。

2. 自费公派

由个人自费按国家公派的方式加以管理，实际上也是公派的一种，近几年来，这部分人纳入单位公派的范围。在各机关、企业、事业团体里工作的各类专业骨干人员、优秀文艺骨干、优秀运动员、机关工作业务骨干和具有特殊技能的人才，经过本单位的同意，通过取得各种奖学金、贷学金或者亲友的资助后，均应纳入所在单位、部门的派遣计划（在政府部门所属人才交流机构存档人员除外）。

3. 自费留学

自费留学是出国学习、生活、医疗和往返一切费用由自己承担或者由国外亲友资助的留学方式。自费留学需要具备以下 3 项基本条件。

（1）申请人必须是具备法律上的公民资格，并且不存在民事上的或刑事上的法律责任。

（2）申请人必须是具有可靠的经济来源，无论是通过什么方式，只要能够自己解决学习和生活费用就可以。

（3）申请人必须能够提供外国录取学校的入学许可证。这种申请不受年龄、学历和工作年限的限制。到国外学习的学校，一般应当是大学，读专科、本科或者读研究生、博士生学位以及进修。

4. 勤工俭学

勤工俭学是指那些进入外国语言学校学习语言，而不进入各种专门院校进一步深造的人员，属于非正规留学生，实际上也是自费留学的一种补充方式。这些人的主要特点是：在国外无亲友提供经济资助，完全依靠个人利用业余时间打工支付生活、学习、医疗和往返费用，用打工收入偿还出国旅费和入学的费用。

2.3.6 国家项目就业

国家项目就业是指职业院校学生参加国家、地方就业项目就业。如职业院校学生服务西部志愿者、三支一扶等。鼓励人才到广阔的农村和基层去，是解决就业难题的有效办法，更是缩小城乡差别和区域差别、促进社会全面协调发展的长远战略之策。

2.3.7 灵活就业

灵活就业不同于正规的全日制、与用人单位间有稳定的劳动法律关系、获得有工资福利和社会保障的就业。

灵活就业包括自由职业、意向就业、自主创业等。例如，作家、自由撰稿人、翻译工作者、某些艺术工作者等。与传统的就业模式相比，这种就业方式的特点是灵活性强、自由度大、适用范围广、劳动关系比较松散。

为了鼓励灵活就业，国家和各级政府出台了诸多相应的政策，制定和实施灵活就业的工资支付和社会保障政策，保护灵活就业者的合法权益。

思考题

（1）我国职业院校学生人才市场有什么特点？

（2）职业院校学生就业的主要方式有哪些，哪种方式最适合你？

（3）如何理解“职业院校学生到基层就业有广阔的前景”？

（4）职业院校学生自主创业的有关优惠政策有哪些？

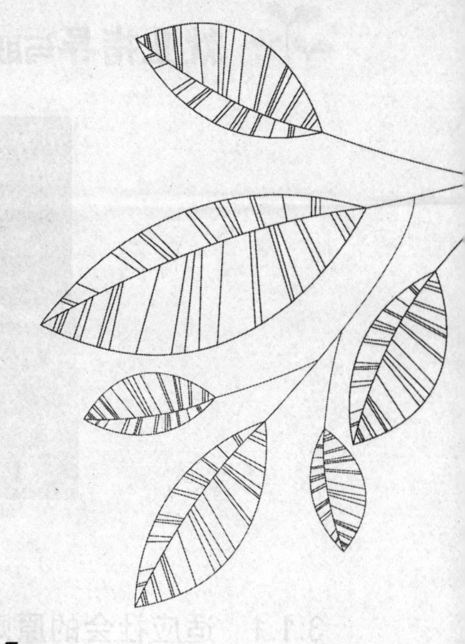

第3章 就业准备

随着社会主义市场经济的发展，职业院校毕业生就业制度已改变“统包统分”和“包当干部”的就业模式，实行少数毕业生由国家安排就业，多数由学生“自主择业”的就业制度。与此相配套，各地区及职业院校相继开办“供需见面”会和“毕业生就业市场”，组织毕业生与一定用人单位进行“双向选择”，通过竞争落实就业单位。为此，面临就业的职业院校学生，必须增强竞争意识，树立正确的择业观念，在就业之前做好多方面的准备。

就业准备，是指未就业者为了能从事某种职业或获得某种职位，在一个相当长的时期内所做的准备工作，它是就业的基础和前提，对于职业院校学生来说非常重要。一方面，就业准备是职业院校学生求职、择业的基础。职业院校学生只有进行了必要的就业准备，才有可能产生相应的求职、择业行为；做好充分的就业准备还有助于职业院校学生选择一个理想的、合适的职业，实现就业目标。另一方面，就业准备是社会发展的客观需要。随着社会经济的繁荣、科技的进步，社会职业对从业者的身体素质、心理素质、思想素质、科学文化素质等提出了新的要求。这就决定了职业院校学生只有做好充分的就业准备，才能适应社会发展对人才的客观需要，更好地为社会做贡献。

3.1 就业准备的原则及内容

职业选择是职业院校学生在一定职业需要的策动下，根据社会需求所做出的选择行为。为使职业选择不脱离现实，又能满足自己的理想，职业院校学生就业准备除了要树立正确的就业观念，深刻领会国家制定的职业院校学生就业政策外，同时还要注意把握一定的原则和内容，如图 3-1 所示。

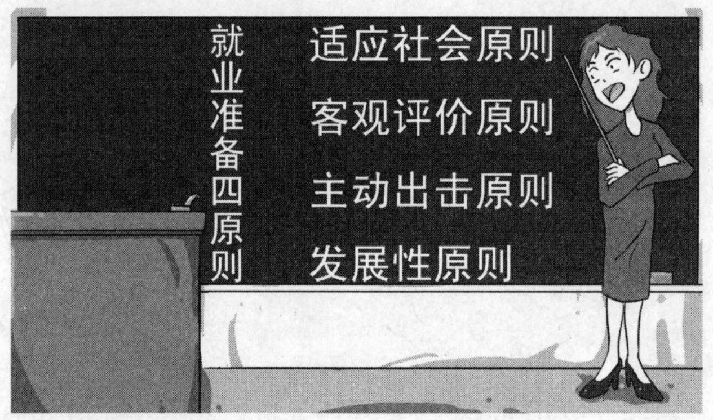

图 3-1 职业院校学生就业准备的原则

3.1.1 适应社会的原则

职业院校学生虽然以不同的方式憧憬并塑造着自己的未来，但毕竟处于社会大环境当中，因此，在选择职业时，应该把国家利益和社会需要放在首要位置加以考虑，把个人意愿和社会需要结合起来，把个人理想融入祖国和人民的共同理想之中，当个人利益与国家利益发生矛盾时，要顾全大局，服从国家需要。只有把个人利益和国家利益、个人意愿和社会需要紧密结合起来，才能使自己真正融入到社会中，成为被社会所需要的人才，从而实现个人的远大理想。

目前，西部大开发、振兴东北地区等老工业基地、推进农村卫生服务体系建设、"职业院校学生志愿服务西部计划"等都是国家大力支持的项目；能源、交通、原材料、通信、国防、航空航天、农林等部门或行业是我国国民经济建设中的发展重点；大力发展第三产业，是我国经济发展的一项战略决策。在未来几年，这些势必将成为我国人才需求的主要市场。大学毕业生在选择职业时，应该首先立足于这些国家需要和社会需求的大局。

3.1.2 客观评价自己原则

随着社会主义市场经济的发展，人才的竞争将越来越激烈，我国总体就业形势严峻。城镇新增劳动力以及下岗工人再就业、农民工返城、大中专院校学生就业的"三峰叠加"，尤其是职业院校毕业生总数增加，造成总体的就业形势比较严峻。这就要求职业院校学生必须正确认识自己，并根据社会需要来调整自己的知识结构，不断充实、完善自己，努力为自己创造满足社会需要的条件。

职业院校学生应该现实地分析自己所处的择业环境，尽可能全面、详尽地了解有关的政策和法规、正在实施中的改革措施及发展趋势、劳动人事管理办法及动态、用人数量和标准等。

每个职业院校学生都应该对自己的能力有一个客观、公正的评价和正确的认识，知道自己有什么兴趣、爱好、知识、能力、性格、气质、特点，客观地考虑自己能干什么和不能干什么，只有这样，毕业生才能顺利就业。

3.1.3 主动出击原则

毕业生就业制度的改革，使职业院校学生在择业过程中更能发挥自己的主观能动性，要想得到理想的工作，就必须主动参与，敢于竞争。这就要求我们一方面要主动把握择业契机，多方面收集用人单位的需求信息，大胆地向用人单位推介自己，而不是消极等待学校推荐，等待别人给自己落实工作；另一方面也要根据自己的意愿和社会的需求来主动调整自己的知识结构，充实自己，提高能力，积极创造条件接受社会的选择，提高自己在择业竞争中的优势。

在择业过程中，摆在每个职业院校学生面前的方案都是多方面的。例如，工作地点、单位性质、工作条件、生活待遇等，毕业生在选择时不可能达到事事遂心所愿，正所谓"鱼与熊掌，不可兼得"。因此，在择业时必须把握好主次，首先满足自己最看重的选项，同时还要从是否有利于个人才能和作用的发挥、自己是否能够胜任单位即将安排的工作出发来进行选择，切不可因一味求全、急功近利、好高骛远而错失良机。

3.1.4 发展性原则

职业院校学生在择业时，既要考虑个人的发展，又要考虑社会的发展；既要有利于现在的发展，又要有利于将来的发展。因此，职业院校学生一定要结合自己的情况，选择有发展前途的职业和单位，防止短期行为。但同时又要看到，社会是在不断发展变化的，每个职业院校学生所处的生活和工作环境也在不断变化，因而职业目标的选择不应该也不可能一次定终身。所谓"从一而终"，在现代市场经济条件下对个人和社会都没有益处，也是不可取的。

因此，职业选择应处在动态过程中，在暂时没有适合自己的工作单位或岗位的情况下，可以考虑一些条件相近的单位和职业，或选择到基层锻炼，牺牲眼前利益以积累基层工作经验，为将来的进一步调整和发展做好准备。从这个角度讲，职业院校学生大可不必为一时找不到"理想"的接收单位而苦闷，也不必为自己"迫不得已"所做的"不理想"的选择而懊悔。应当摆正心态，以长远发展的眼光看待所处境遇，为下一个机会的到来做好充分的准备。

3.2 就业的思想及心理准备

"成功总是青睐那些有准备的人"，求职过程中，仅有专业知识和技能是远远不够的，只有做好充分而全面的准备工作，才能在求职过程中游刃有余，实现自己的职业理想。

3.2.1 思想准备

如果有了充分、正确的思想准备，对于进行就业准备的职业院校学生来说就意味着有了一个良好的开端，往往可以起到事半功倍的效果。职业院校学生可以从以下几个方面来进行思想准备。

1. 客观的自我评价和准确的个人定位

自我评价既是职业院校学生职业规划的前提，也是就业准备的重要内容，所以，职业院校学生应该对自己进行客观、准确、符合实际的自我评价，即对自己的知识水平、个人能力、心理、性格、气质、兴趣、爱好、优缺点、价值取向等进行全面、客观的评价。个人定位是指职业院校学生对自我现状的认识以及对自己今后所从事的工作及工作能力的判断（也可以称为就业期望）。可以说，客观的自我评价是准确的个人定位的基础。

从心理学角度看，人在进行自我评价的过程中，往往存在着刻意回避自我不足的潜意识，从而造成过高的自我评价；另外，我国传统文化氛围里的谦虚意识也可能造成过低的自我评价。过高或过低的自我评价都会造成个人定位的偏差，使职业院校学生的职业历程变得坎坷。

有了客观、公正的自我评价基础，就可以进行相对准确的个人定位。从而明确个人发展的奋斗目标。有了准确的定位，职业院校学生就可以判断出自己是理论知识丰富还是动手能力强；自己是适合从事科研工作，还是更适合从事产品生产销售工作。

职业院校学生的个人定位在很大程度上受到其就业期望值的影响。当前有一部分职业院校学生的就业期望值偏高，他们认为自己是同龄人中的佼佼者，应该有一个灿烂的前程；一心希望留在大城市、政府机关工作，而且收入要高。他们的想法本无可厚非，只是他们可能没有注意到目前中国的教育正由精英化过渡到大众化，他们的观念没有跟上时代的变化，结果往往为找不到理想的工作而郁闷和苦恼。可见，对于就业期望值偏高、个人定位不切实际的职业院校学生来说，适当地降低就业期望值、准确地进行个人定位是非常必要的。

2. 树立远大抱负，将个人发展同祖国建设大局结合起来

职业院校学生是祖国建设的栋梁，理应以大局为重，响应党的号召，到西部去、到基层去、到祖国和人民最需要的地方去建功立业，将自己的职业发展和未来融入到祖国的发展和建设中去，在为社会主义事业奋斗的同时，实现个人理想，体现自身价值。

3. 应该处理好的几个问题

从长远来看，职业院校学生响应国家号召，将自己所学的知识运用到基层实践中去，既可以开阔眼界、磨炼意志、增长才干，也能为祖国做出贡献，自己也会受益终身。职业院校学生在就业时不可避免地也会遇到以下 3 个问题，如图 3-2 所示。

图 3-2　职业院校学生在就业时会遇到的问题

这些看似简单的问题其实没有一个通用的标准答案。对个人而言，最适合的就是最好的选择，所以，这些问题需要职业院校学生认真思考。

（1）要稳定还是要挑战。到底是该选择稳定的职业还是富有挑战性的工作呢？因为各人的目标、兴趣不同，选择的答案就不能一概而论。稳定的工作意味着稳定的收入、规律的工作时间、按部就班的晋升和较为固定的人际关系，一般来说，工作压力不太大，时间较为宽松。但是几乎一成不变的环境和工作内容很容易让人厌倦，所以需要更多的耐心。因此，建议具有一定耐心的、希望工作和生活相对稳定的职业院校学生选择此项。从事富有挑战性的工作则意味着职业者需要肩负更多的工作压力和更大的风险、相对紧张的时间安排，需要付出更多的精力，需要相当的心理承受能力。但是，当顺利完成工作后获得的成就感和满足感却也是难以用言语表达的。因此，建议不安于现状、富有想象力且具有相当心理承受力的职业院校学生选择富有挑战性的工作。

（2）要专业还是要转行。从事与所学专业高度相关的职业，所需投入的成本（指时间、精力、经费）都会较小，而且成功的可能性相对较高。从事与所学专业没有联系的职业，需要职业者投入大量的时间、精力（甚至包括经费）来学习和掌握与本职工作相关的知识和技能，这就形成了职业成功的机会成本。职业院校学生应该结合本人的实际情况，认真考虑这种成本。

（3）要感情还是要事业。每个人的价值取向是不同的。有的人以事业为重，先立业再成家；有的人以家庭和感情为重，为了家庭或感情可以放弃自己心目中理想的职业目标。即使是同一个人，在他人生的不同阶段，所追求的目标也可能会发生变化，所以，同一人不同时期的选择也不一定相同。

职业院校学生在进行就业准备时，最好能够明确每一个阶段的目标，权衡事业和家庭、工作和生活在各个阶段的位置，权衡为了职业上的发展可以放弃哪些个人生活，或是为了家庭或感情可以放弃哪些职业机会。

4. 必须具备一定的安全意识

进行就业准备的职业院校学生在思想上要有一定的安全意识，在就业的过程中尤其需要注意安全问题。目前，某些地方有少数非法传销组织将目光锁定在职业院校学生身上，他们以招聘员工、进行面试等手段诱骗职业院校学生，非法限制受骗职业院校学生的人身自由。职业院校学生求职过程中一定要提高警惕，防范非法组织利用学生求职心切的心理侵害职业院校学生的合法权益。

3.2.2 心理准备

职业院校学生完成学业，从学生身份过渡为社会生活中的职业人身份，是人生中的一次重要转折过程，它不仅表现为一个人的身份转变，其内心世界也会随之发生着种种反应、变化。作为一名即将毕业的职业院校学生，需要了解影响就业的心理因素，自觉加强就业心理准备，努力提高自我的就业心理调适能力，为顺利就业做好准备。

1. 职业院校学生求职心理障碍的主要表现

职业院校学生在求职过程中会产生或轻或重的心理障碍，轻者影响求职过程的判断，重者导致求职的失败，甚至诱发恶性循环，产生精神疾病。因此必须对此加以重视，职业院校学生常见的求职心理障碍有以下几种表现。

（1）焦虑心理和嫉妒心理。求职心理焦虑是在求职心理压力下所产生的一种不踏实感、失落感、危机感和迷惘感，表现为经常处于烦躁不安和心急如焚的情绪状态。职业院校毕业生在求职期间普遍存在着不同程度的心理焦虑。面对求职择业过程中的诸多因素和选择，一些职业院校学生常常会感到无所适从，有的人期望值过高，不切合实际；有的人患得患失，优柔寡断；有的人急于求成，盲目浮躁；有的人不善推介自己，畏于面试。

一些职业院校学生在求职时对他人的特长或优越条件既羡慕又敌视，这种情感的内化就是嫉妒心。例如，在求职时把别人的优越之处视为对自己的威胁，因而感到心理不平衡，甚至是恐惧和愤怒，于是借助说风凉话、讽刺挖苦、造谣中伤等，来求得心理补偿。结果由于嫉妒，疏远了自己与他人的关系，人际关系冷漠，从而使自己处于孤立的境地，精力分散，内心痛苦，使自己无法顺利求职和择业。

（2）自傲心理和自卑心理。自傲是过高估计自身实力而产生的一种优越感，这种心理在一些职业院校学生身上反映比较突出。他们在求职时好高骛远，自命不凡，挑三拣四，怕吃苦，讲实惠，给用人单位留下浮躁、不踏实的印象，不受用人单位的欢迎。自傲心理使职业院校学生严重脱离实际，以幻想代替现实，使自己的求职目标和现实产生极大的反差。当面对现实时，往往情绪一落千丈，产生孤独、失落、烦躁、抑郁等心理现象。

与自傲相反，自卑心理表现为对自身的能力和素质评价过低。一些职业院校学生对自己缺乏信心，觉得自己事事不如他人，在求职中，不敢充分展示自我，缺乏大胆尝试、积极参与竞争的勇气，从而错失就业良机。过度的自卑，还会产生精神不振、心理扭曲、沮丧、孤寂、脆弱等心理现象，久而久之还可能导致自卑型人格的形成。

（3）从众心理和依赖心理。一些毕业生在求职时从众攀比。你进了北京，我就非上海不去，你进了金融系统，我不进烟草、电力系统不行。实际上，由于每个人生活环境、家庭背景、个人能力和机遇的不同，其求职目标、职业选择是不具可比性的。而部分职业院校学生在虚荣心的驱使下，对自我缺乏客观分析，盲目攀比，不屑到基层、到艰苦的地方工作。这种攀比心理使得他们迟迟不愿签约，从而失去就业机会。

在求职过程中，职业院校学生从众心理主要表现在，不能客观分析就业形势和就业需要，认为只要是“大家觉得好，肯定错不了”。因此，在没有明确的自我定位、尚未衡量自身条件的前提下，就将所谓的热门单位、热门职业作为自己的求职首选目标，盲目地“赶时髦”，结果往往四处碰壁，而且给自己事业的发展留下不良因素。另外一些职业院校学生仍存在等靠的依赖心理，在机会面前顾虑重重，不能主动地参与就业市场的竞争，向用人单位展示自我，推销自我，而是寄希望于学校的安排和家长的奔波，有的甚至依赖家长与人洽谈，自己站在一旁若无其事。这样的依赖心理，使职业院校学生丧失了把握机会、创造机会的主动性，使自己在求职竞争中处于劣势。

2. 自我心理调适的方法

职业院校学生要学会调节自己的心态，放松自己紧张的情绪，从容面对求职过程中的种种困难，掌握必要的自我心理调适方法，避免因心理问题导致就业的失败。

（1）自我转化与适度宣泄。当不良情绪不易控制时，可以采取转移情感和精力到其他活动中的办法，如参加一些轻松愉快和自己感兴趣的活动、学习一些新知识、新技能等，使自己没有时间和精力沉浸在不良情绪中，以求得心理平衡。当因遭受挫折造成焦虑、紧张等不良心境时，可以适当地宣泄情绪进行自我调适，例如，向亲人、好友倾诉自己的心理感受，甚至痛哭一场，以求得安慰、支持和帮助；也可以通过大运动量的体育活动，寻找畅快淋漓的宣泄感觉，调整心态。

（2）自我慰藉与幽默疗法。当求职不能如愿时，不要过分苛求自己，可以通过自我安慰来进行自我调适。例如，借“酸葡萄”等理由自我安慰，找一个自己可以接受的理由来承认并接受现实。或者借助幽默的力量，放松紧张心情。可以把自己的不如意在同学、朋友面前自我调侃，幽默一回，摆脱郁闷的心境，将沉重化为轻松，把辛酸化为快乐。

（3）理性控制与积极升华。当求职择业遇到困难，产生心理困惑时，可以通过理性的分析和思考来摆脱消极情绪，进行自我调适。例如，找一个宁静的环境，使自己的心理、躯体得到放松和休息，在此基础上，认真分析失败的原因，进一步确立努力方向，将失败的压力化为奋斗的动力，以积极的姿态迎接新的挑战。

总之，面对人生的转折，职业院校毕业生要做好充分的心理准备，顺应社会发展。只有未雨绸缪，才能临阵不乱，希望每一个职业院校毕业生，都能找到自己满意的工作并在自己的实际岗位上做出一番成绩。

3.3 就业的知识与能力准备

职场中，有两种类型的职业院校毕业生最受用人单位青睐。第一种是“通才”，即熟悉、掌握数个专业知识的人才，这样的职业院校学生可以适应数个岗位的工作；第二种是“专才”，即精通某一专业领域的人才，这样的职业院校学生可以培养成为业务骨干。不管是“通才”还是“专才”，他们都有较高的知识和能力。可见对于就业前的职业院校学生，作必要的知识和能力准备是非常重要的。

3.3.1 知识准备

职业院校学生就业的知识准备包括专业知识的准备和非专业知识的准备，专业知识准备主要是专业技能的储备，非专业知识的准备主要是指可迁移技能的储备。

1. 专业知识的准备

职业院校学生的专业知识是职业院校学生求职择业的最大资本，知识是用人单位选拔人才的重要因素。一般来说，专业知识优秀的毕业生较容易找到理想的岗位。但是在个别学生中流传着“毕业等于失业”的消极论调，用人单位也发现部分职业院校学生实际工作能力越来越差。部分职业院校学生产生大学里的专业知识并不重要的错觉，工作以后都用不上，所谓“60 分万岁，多一分浪费”正是这种心理的真实体现。实际上，职业院校毕业生的竞争一年比一年激烈，重视专业知识的学习显得尤为重要。这是因为，专业素养是职业院校学生在就业时拥有的最重要的资本之一，“专才”之所以专，就因为他们的专业知识有相当的深度，而钻研高深的专业知识必须有良好的专业基础，所以职业院校学生应该从进校起就努力学习好基础知识。只有具备了扎实的专业基础知识，才能根据自己的兴趣充实自己，开阔眼界。

2. 非专业知识的准备

非专业知识是对所学专业知识以外的其他知识的统称。非专业知识是构成职业院校学生知识体系不可或缺的一部分，包括公共知识、生活常识、待人接物的礼仪、求职面试的技巧等。非专业知识也是用人单位选拔人才的重要依据。非专业知识涵盖面很广，毕业生要在日常生活中多注意，多积累，加强自身修养，做好非专业知识的储备。

3.3.2 能力准备

能力是直接影响活动效率、使活动顺利完成的个性心理特征。职业院校学生需要具备多方面的能力，如图 3-3 所示，其中与就业直接相关的有以下 7 个方面。

图 3-3 职业院校学生应具备的能力

1. 表达能力

表达能力包括语言表达能力和文字表达能力，这是职业院校学生应该具备的基本能力。作为人与人之间最主要的交流工具，在日常学习、工作和生活中，语言和文字所起的作用无可替代。不论今后从事管理工作还是技术工作，不论在政府机关还是民营企业，不论是用言语还是用文字，清楚、准确地表述是十分必要的。用人单位对职业院校学生表达能力的基本要求是：能用准确、流畅的语言讲述事实，表达观点；能够撰写计划、总结、调查报告、公函等文书。职业院校学生可以通过日常训练、参加专门的培训等方式来提高自己的表达能力。

2. 逻辑思维能力

应聘单位常会考察应聘者的逻辑思维能力。这种考察不是考核逻辑专业知识，而是考核应聘者对各种信息的理解、判断、分析、综合、推理等日常工作和生活逻辑思维能力。即使有些职业院校学生不具备相关的专业知识，但仍然可以有较强的日常逻辑思维能力和运用能力。如果职业院校学生具备一定的逻辑专业知识，就能够解答生活和工作中更复杂的问题，会更受用人单位的青睐。

3. 沟通能力

沟通是指信息的传递和理解。沟通的形式多种多样，最主要的方式是语言沟通，包括口头和书面、本地语言和外语以及其他语言符号（如网络语言符号）等。除此之外，包括衣着、表情、神态、姿态、动作、距离在内的非语言方式沟通也是沟通的重要组成部分，一般情况下，非语言沟通也常被称为身体语言沟通。

在人际交往过程中，语言沟通和非语言沟通是并存的，并相互补充、相互印证。一般情况下，两者是一致的。但是，当两者相互矛盾时，人们大多愿意相信非语言沟通传递的信息。比如，某应试者自称专业如何精深，却在被问及专业知识时抓耳挠腮、支支吾吾，这个时候，招聘人员更愿意相信应试者说的不是真实情况。

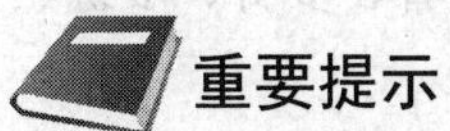

重要提示

能够准确、高效地将信息传递给信息的接收方，并能正确理解对方传递的信息，这是对职业院校学生就业必备沟通能力的要求。

4. 决策能力

人的一生往往会碰到各种需要自己当机立断、痛下决心来决断的事情，决策能力就是指对未来行为目标的决断和选择的能力。良好的决策能力可以实现对目标及实现手段的最佳选择，可以少走弯路、少犯错误，以较小的代价取得进步与成功。对于即将毕业的职业院校学生来说，走向社会是人生的一大转折点，显然也是对自己决策能力的一次检验。在未来的工作中，各种问题以及它们的变化进展都需要自己迅速作出反应，及时予以处理，因此训练和培养自己的决策能力是十分重要的。培养决策能力要从日常小事做起，不要事事请别人为自己拿主意，要养成多谋善断的习惯，这样日积月累，以后遇到重大事情时就可以从容应对。

阅读材料

常用的决策方法

第一种，排列组合法。将工作任务分解成数个阶段完成，每一个阶段设计数种解决方案，然后将每个阶段和阶段解决方案进行排列组合，从中选择最优方案实施。此方法比较适合一些可以分阶段完成的任务，但是比较烦琐。

第二种，选项排除法。排除一些不合理的选项，逐步减少方案，最后在剩余的少数方案中选择。例如，在选择用人单位时，职业院校学生可以从地域、行业、职业、薪酬等方面将不适合、不理想的用人单位排除，从而确定准备进一步联系的用人单位。此方法适合于具有平行性、多属性的任务，方法简单，而且最后结果的满意度较高。

第三种，角色互换法。站在另一个角度（尤其是对立方立场）进行思考。这种方法是对正常决策思维的补充，而且在有对立方（反对者）时能够起到一定的协调作用。比如，应聘者站在用人单位的角度审视自己。

第四种，"决策树"法。适用于风险型决策。主要是通过概率估算，对各个方案的后果进行预测，进而选择行动方案。此方法对决策者有较高的要求。

资料来源：钱建国.职业院校学生职业规划与就业指导. 北京：人民出版社，2009.

5. 实践能力

职业院校学生的实践能力直接影响到工作能否顺利完成，因此，用人单位一般对职业院校学生的实践能力有较高的要求，那些眼高手低、只有理论没有实践经验的应聘者是不受用人单位欢迎的。职业院校学生应该创造并珍惜每一次实践机会，多看、多听、多练、多思考，来培养自己的实践能力。

6. 应变能力

应变能力也可以理解为处理突发事件的能力。紧急情况下，如果事态得不到迅速控制，后果往往不堪设想。这就要求职业院校学生具有一定的应变能力，要临危不乱和快速决断。一般地，可以采用下面的方法应对突发事件。

（1）迅速控制事态源头。事件的突发性意味着没有过多的时间用于事前准备。要快速介入，稳住事态，防止事态向不好的方向继续发展，尽量将其影响控制在源头处。

（2）打破常规，积极应对。对于按常规操作难以解决的问题，可以尝试打破常规思维，采取非常规方法进行应对，这样往往能够起到立竿见影的效果。但是，这也要承担一定的风险，应对者应该权衡利弊，快速决断。

(3) 处理好善后。平时多进行一些预防性的准备，及时总结经验教训，对提高应变能力也有所帮助。

7. 创新能力

创新是人类社会进步的根源，也是与时俱进的要求，新时代的职业院校学生应该具备一定的创新能力。从某种意义上来说，具备良好的创新能力，就意味着职业院校学生具有较高的潜在价值和发展空间。

除了表达能力、逻辑思维能力、沟通能力、决策能力、实践能力、应变能力和创新能力以外，职业院校学生就业时还应该具备一定的领导能力、组织协调能力、创造并把握机会的能力。就业中的职业院校学生在进行能力准备时，要注意各方面能力的平衡发展，也要注重个人优势能力的培养。因为用人单位出于节约成本和保持员工稳定性等因素的考虑，不一定会录用各方面都最优秀的人，而会选用最合适的人，所以，职业院校学生们可以有针对性地在某些方面重点准备。

3.4 就业的信息准备

信息在毕业生择业的过程中发挥着至关重要的作用，“知己知彼，百战不殆”，这句名言反映了信息的重要性。信息对于每一位准备就业的职业院校学生都十分重要，掌握了相关信息，就能够在职场上掌握主动，始终立于不败之地。

3.4.1 就业信息的收集

高质量的就业信息存在于大量而广泛的信息当中，收集有效的就业信息是职业院校学生求职择业前一项重要的基础性任务。就岗位需求信息而言，不只是指岗位需求数量、岗位性质，还包括岗位对人的整体素质的要求以及单位的隶属关系、单位性质（指全民所有制单位、集体所有制单位、私营、合资或外资企业、政府机关等）、人才结构、发展现状及前景等。

随着职业院校学生就业模式的改变、就业市场的形成与完善，以及就业中介机构、计算机网络的快速发展，新兴的就业信息源、就业信息传播渠道不断涌现，可供利用的渠道、手段日益增多，一般情况下，职业院校学生应该选择的主要途径有以下几种。

1. 校内就业主管部门

当前，就业形势日趋严峻，各职业院校都专门设立了专职从事毕业生就业工作的机构。例如，毕业生就业指导中心、就业工作处或办公室，这些机构既同毕业生就业所涉及的上级主管部门、人才交流机构保持着密切联系，又是用人单位选择毕业生时所依赖的窗口。这些部门所提供的信息，就政策方面而言，无论是全国性的、地方性的或是行业性的，一般都来自政府部门；就岗位信息而言，主要是由用人单位根据职业院校学科专业设置，向上级人事部门申报的用人计划，其中还包括一些国家下达的指令性就业指标计划等。其准确性、权威性、可信度非一般就业渠道可比，而且通过这个渠道获取的信息，专业对口性强、成功率高，是毕业生最主要的信息源。

2. 各级毕业生就业管理机构

各级毕业生就业管理机构是从总体上规划学生就业去向，进行全国性和区域性信息交流和人才配置的政府机构，它们既是就业政策的制定者，又是就业政策的执行者，具有很高的权威性，同时它们也为毕业生提供各种服务，尤其是政策咨询服务。

3. 毕业生就业市场

从目前来看，毕业生就业市场还是一种临时性的人才交流市场，有部门办的、地方办的、职业院校或校际联办的。一般来说，毕业生就业市场的需求信息是经过严格审核的，它拥有的信息量大，专业对口性也比较强，同时毕业生在就业市场还可以与用人单位直接洽谈，相互了解。现在有不少毕业生是通过这种渠道落实工作单位的。

4. 新闻传播媒体

当今的社会已经进入了"信息时代"，电视、电信业得到了快速发展，广播电台、电视台、报刊、杂志等媒体因其具有速度快、涉及面广、信息及时等特点，逐步成为职业院校学生获取就业信息的重要渠道。各用人单位和组织也都希望通过媒体来介绍企业现状、发展前景及人才需求信息，新闻媒体因而成为巨大的信息源。反映我国职业院校学生就业的新闻传播媒体主要包括报纸、杂志、广播电台开办的人才专栏，如《就业时报》、《中国教育报》的"招生考试就业"专版等。有些职业院校利用校报或专门印制《就业指导报》等发布有关就业信息。另外，新闻媒体发布的一些工程项目信息，也隐含着大量职业供给信息。

5. 亲朋好友、家人及其他社会关系

个人的接触面总是有限的，拓宽社交范围可得到许多有价值的信息。亲朋好友、家人及其他社会关系是最直接的社交范围。他们分布在社会的各个领域、各条战线，通过他们了解和收集社会需求信息则针对性更强，信息的可信度会比较高。

6. 社会实习、实践活动

职业院校学生寒暑期的社会实践活动单位、毕业实习单位等一般都是专业对口单位，在过去交往的过程中，毕业生不仅能使自己所学的知识直接用于管理、生产或其他社会服务，而且还可以更为直接地了解服务单位的用工情况，同时，用人单位对自己也有了一定的了解，假如单位有意招人而你又积极主动，应该说这是一个绝好的机会。

7. 互联网

通过互联网获得就业信息是毕业生在信息时代搜集信息的一种高效、快捷、便利的途径，而且随着人才市场化、信息化运作的进程不断加快，网络的普及程度不断提高，网上求职、网上招聘已经成为一种时尚。目前，几乎所有的省、市和职业院校都建立起了毕业生就业信息网站，毕业生可以从中查询到职业需求信息，还可以将个人求职材料诸如专业、特长、个人情况、在校的学习成绩与毕业成绩等输入网络系统，供用人单位在招聘时参考选择。

8. 登求职广告

通过在媒体上刊登求职广告、在网络上设计个人主页等方式，充分、系统地介绍自己的能力和专业特长，全方位地展示自我，以便于用人单位与自己联系。

3.4.2 就业信息的使用

在毕业生手中掌握的大量信息中，由于就业信息的来源和获取的渠道不同，内容必然虚实兼有，有的甚至互有矛盾，有的虚假不真实。因此，对收集到的信息进行去粗取精、去伪存真地整理、筛选，理应成为使用信息的必要前提。

1. 就业信息的筛选

对于收集到的信息，应根据个人的情况，有针对性地进行排列、整理和分析，以保证就业信息的准确性、科学性和有效性。

（1）要进行科学的分析和取舍。对所获得的一切就业信息进行分析鉴别，科学取舍。分析就业信息包括 3 层含义：① 要鉴别真伪，做可信度分析。一般来讲，学校毕业生就业主管部门提供的信息可信度比较高，通过其他渠道收集到的信息，因为受时间性或广泛性影响，还需要进一步核实，才能判断其可信程度。② 要进行效度分析，即对信息的可用性进行鉴别，看这条信息是否与自己的兴趣、特长、专业、爱好甚至收入、工作环境、地域等相符，更要注意单位对生源地、性别、学习成绩、个人素质的要求，以及当地户籍政策等。③ 信息的内涵分析，包括用人单位的性质、要求以及限定条件等。通过分析，对就业信息进行去粗取精，剔除过时无用的信息，保留与自己的兴趣或专长有关的部分。

（2）要分清主次。在对就业信息进行取舍的同时，还要把信息按与自己相关的程度进行排序，重点信息选出、标明，并注意保存，一般信息供参考。如果主次不分，就会在很多并不重要的信息上浪费过多的时间和精力，也许会因此错过择业的良好时机。只有把握重点、赢得时间，才可能抢占先机。

（3）要进行深入的了解。对于重要信息，要寻根究底，搜集相关资料，仔细了解信息的具体内容，例如，某一职业岗位的历史、现状、前景、要求条件等。对待遇、进修培训、晋级晋升等信息要通过合适的方式侧面了解。了解得越深，分析得越透彻，就越能准确找到适合自己的目标。

2. 就业信息的运用

这是收集信息、分析筛选信息目的所在。对就业信息的运用包括自己运用和交流给别人运用两个方面。

（1）自己运用信息。对信息筛选的主要依据是适合自己，无论信息的准确性、及时性、有效性多么高，只要不适合自己，那么它对自己来说就失去了价值。作为职业院校毕业生来讲，在择业时，要将自己的情况与就业信息进行认真地对比衡量，而不能好高骛远、人云亦云、迷失自我，更不能图虚荣、爱面子，而要量力而行，量能择业，量才定位。一旦自己决定运用这条就业信息，就应该及时地调整自己的知识结构，尽量弥补自己的不足，以适应所选岗位的要求。

（2）相互交流信息。有些信息对自己不一定有用，但对他人可能十分有用，遇到这种情况，千万不要抓住不放、封锁信息，而应主动输出，这对他人不仅是种帮助，同时也增加了与他人交流信息的机会。从这种真诚的交流中，你也许会从别人手中获得对自己有益的信息。

3.5　就业的自荐准备

职业院校毕业生通过与用人单位“双向选择”来确定就业去向，这实际上就是毕业生和用人单位相互认识、相互了解、相互认可、相互选择的过程。对毕业生来讲，就是在了解、认识对方的同时，让用人单位认识自己、了解自己、选择自己，从而实现自身的就业愿望。为了达到这一目的，就需要利用各种途径和方法正确地宣传自己、展示自己、推销自己，自我推荐（自荐）或推荐（他荐）无疑是“双向选择”的基础。

3.5.1　自荐材料的准备

自荐在很大程度上决定自己是否能够获得进一步面试的机会，这就要求大学毕业生在选择求职信息、决定应聘之前，一定要做好必要的资料准备。而求职材料一般包括毕业生推荐表、简历、自荐信以及一些辅助材料。

1. 准备求职材料一般应遵循的原则

准备求职材料的直接目的就是为了引起用人单位对自己的兴趣，并最终被录用。用人单位出于节约人力和时间的考虑，大多数情况下，不采用直接面试的形式，而是通过某种方式收集求职材料，对这些材料进行初步的比较、筛选后，再通知部分求职者参加面试。由于用人单位最初是通过求职材料来了解求职者的，因此，求职材料的质量，对用人单位决定是否与求职者进一步接触起着至关重要的作用。

毕业生就业推荐表、简历、自荐信都需要认真地准备，一般要遵循以下几个原则。

（1）内容翔实，格式规范。求职材料是对职业院校学生的一个全面总结，既要全面反映自身的基本情况，又要反映自己的特长、爱好。不仅要突出自己的优点、成绩，也要说明自身存在的问题和缺点。不仅要说明自己对目标岗位感兴趣的原因，还要表达自己努力工作的决心。内容应全面，应力求言简意赅，突出重点。切忌长篇累牍、废话连篇。尤其要注意的是内容翔实，切忌为了赢得用人单位的好感而弄虚作假，那样只会画蛇添足、弄巧成拙。

（2）富有个性，针对性强。由于不同的用人单位对求职者要求不尽相同，求职材料的准备也要根据不同的单位有所差异。如果你想去应聘“三资”企事业的职位，那么最好要准备双份中英文对照的材料。如果想去少数民族地区择业，能用民族文字撰写求职材料效果则会更佳。如果你是去应聘广告设计类职位，那么你的求职材料最好能体现出你的个性和创意。

（3）设计美观，杜绝错误。准备求职推荐材料的目的之一就是要吸引招聘单位，引起对方的兴趣。因此，整份材料无论是手写还是计算机打印都要注重大方、整洁和美观。要使用优质纸张，统一进行设计排版，让人看上去觉得舒服。但最重要的一点是要杜绝错误，无论是语法错误、错别字、标点符号错误或是印刷错误，都应尽量避免。因为任何一个小小的错误都会给人以不认真、不负责的印象。

2. 就业推荐表的准备

就业推荐表是学校为毕业生统一设计、印制的求职材料，一般由下面3部分组成。

（1）毕业生本人的情况介绍（附学校教务部门提供的学习成绩单）。

（2）毕业生所在院系的推荐意见。

（3）毕业生所在学校就业主管部门的推荐意见。

用人单位往往对该表比较重视，在发给学生录用通知或正式签约前一般要先见到该表的原件。该表一般要求手写，毕业生在填写该表时要认真仔细，字迹端正，内容翔实。切不可马虎潦草，更不能弄虚作假。

3. 简历的编写和制作

简历是一份资料，是个人生活、学习、工作、经历、成绩的概括集锦。简历的格式相对固定，信息量全面而且集中，是用人单位分析、比较、筛选和录用应聘者的主要依据。通过简历，用人单位对毕业生的经历、受教育程度、兴趣、特长和爱好等情况留下一个初步印象。个人简历的真正目的就是让用人单位全面了解自己，从而为自己创造面试的机会。个人简历一般很少单独寄出，它总是和自荐信以及其他材料一起呈送给用人单位。

（1）个人简历的格式。一般常用的简历有两种格式。一种是按年月顺序列出自己的学习工作经历，另一种是根据需要有选择地列出自己的学习、工作经历，充分表达自己的技能、品德。但对于应届毕业生的求职者来说，采用第一种格式较好。

（2）个人简历的主要内容。个人简历的第一部分应列出自己的姓名、性别、年龄、学校、院系及专业、获得何种学位及概括自己的愿望和工作目的等。第二部分可简述自己学习、工作经历，包括所学主要课程及学习成绩、在学校和班级所担任的职务、在校期间所获得的各种奖励和荣誉、业余爱好和特长、适宜从事的工作、联系方式（地址、邮编、电话等）。这样，个人简历的主要内容就基本齐备了。

（3）如何写好个人简历。个人简历也就是自己学习生活的简短集锦。它是用来证明你适合担当所申请的那份工作的，因此，应尽量用简历来表现自己的长处。个人简历有一两页即可，不要太长。表达应适度，要富有个性。简历的格式应便于阅读，有吸引力，并使人对自己和自己的目标有良好印象。如果自己感到有些字眼需要特别引起人们的注意，可在这些字上加着重号、下画线或加深字体以示提醒。当然，简历的用语也要得体，书写也要工整清楚。通常，求职者将照片贴在简历的右上角，可以为用人单位提供更为直观的印象。

以下是某职业院校一名工程管理专业毕业生的中文简历，它以表格的形式制作，非常清晰，使用人单位一目了然。

姓名	×××	性别	男	出生年月	1982.02	照片
籍贯	×××	民族	汉	政治面貌	中共党员	
主修	工程管理		辅修	计算机及其应用		
专长	社会交际、组织管理；文案策划、文学创作。					
教育	1997—2000××第一中学 2001—2005××职业技术学院工程管理专业					
主要社会工作	2001．09－2002．07　班长、管理学院社团部部长 2002．09－2004．11　《团讯》责任编辑、校学生社团联合会主席 2004．11－　《职业院校学生就业指导报》主编					
社会实践经历	2002.07.14—07.22　青岛“7 元钱生存 7 天”异地生存体验，中央 2 台予以报道； 2003.07.07—07.17　曾参与组织并带队赴新疆喀什作“党员职业院校学生三个代表社会实践服务团”实践服务活动； 2004.07.05—07.13　职业院校学生“沂蒙情协会”暑期社会实践； 2004.07.15—09.05　××集团化工工地实践（从事施工日常管理）； 在校期间，先后策划组织了我校首届、第二届、第三届学生社团文化节。					
获奖情况	2002 年 11 月　××大学××集团奖学金，省级社会实践优秀学生奖； 2003 年 10 月　××大学一等奖学金　三好学生、优秀团员，省级优秀社团干部； 2004 年 11 月　××大学二等奖学金　三好学生、优秀团员等荣誉称号； 连年获得校优秀社团干部标兵称号。					
外语及计算机能力	大学英语国家四级； 能熟练进行英语听、说、读、写，初步掌握一定的翻译能力； 计算机国家二级； 能熟练应用 Word、Office 等软件进行办公应用，具备初步的编程能力。					

4. 自荐信的编写和制作

自荐信实质上就是简短的自我介绍信，它是求职材料的一部分。

（1）自荐信的格式。自荐信的格式和一般书信大致相同，即称呼、正文、结尾、落款。开头要写明用人单位人事部门领导，如“××单位负责同志：你好！”等字样，结尾写上“祝工作顺利”等祝愿的话，并表示热切希望有一个面试的机会，最后写明自己的单位、通信地址、联系方式、姓名和时间。

（2）自荐信的内容。自荐信的主要内容应包括自己具有用人单位所需要的条件、才能、对工作的态度。具体地讲大致有以下几个方面：① 简单地自我介绍，包括姓名、性别、出生年月、政治面貌、学历、毕业院校、所学专业、特长爱好、主要优缺点等；② 简述自己对该单位感兴趣的原因；③ 说明自己期望能在该单位供职。

（3）如何写好自荐信。成功的自荐信第一应该突出自己善于团结协作，透露出谦逊、刻苦和努力，措辞要得当，表达要清晰，要自信而不要自大。第二，着眼现实，有针对性，动笔之前最好对单位的情况有所了解，以免脱离实际说外行话。第三，实事求是，言之有物，自己的优点要突出，缺点也不要隐瞒，万不可夸夸其谈，弄虚作假。当然，对缺点的论述要适度，点到为止，关键是认识上要深刻，改正的愿望要强烈。第四，富有个性，不落俗套。如果能谈一谈行业前景展望、市场分析或建设性意见都会收到更好的效果。在这方面没有什么成规，需要自己动脑筋发挥。第五，言简意赅，字迹工整。废话连篇的自荐信会浪费读者的时间，引起反感。写出草稿后要反复推敲，意思是否表达清楚，用语是否得当，文法及标点是否准确无误。为了保证简明扼要，字数应有所限制。草稿拟定后，应抄写工整清楚。若有条件则应该将自荐信打印出来，效果会更好些。

以下是××职业技术学院管理学院工程管理专业一名毕业生的中文自荐信。

自 荐 信

尊敬的×××先生:

您好！感谢您能在百忙之中阅读这份自荐材料。

我叫×××，××职业技术学院工程管理专业2005届毕业生，怀着对××集团公司的美好向往和对自己未来的无限憧憬，呈上此信。

职业院校学习生涯中，本人一直注重学习专业知识、广泛接受新事物、不断提高自身综合素质和自身竞争力；自主性强，善于处理工作与学习的关系，一直担任学生干部。由于表现积极、成绩突出，多次获得省级、校级各种奖励，于2005年1月加入中国共产党。

1. 有较强的团队精神和集体荣誉感

在校期间先后担任班长、管理学院社团部部长、校社团联合会主席等多个职务，工作认真负责，始终把集体荣誉放在首位；激情工作、冷静思索，愿意和同事们真诚交流、精诚合作。

2. 有一定的策划组织和协调管理经验

致力于职业院校学生社团工作三年，勇于实践、开拓创新，策划组织了我校首届、第二届、第三届学生社团文化节；多次策划并积极主动参加各类志愿者服务、环境保护等社会公益活动；历年协调50多个校级社团开展各类文艺体育活动；积累了一定的组织管理经验。2004年12月，被评为省级优秀社团干部。

3. 有扎实的文字功底和文字工作能力

在《团讯》（校团委机关报）经过两年的成长，从一名记者做到责任编辑，参与出版报纸40余期；2003年11月担任《职业院校学生就业指导报》（校就业工作机关报）主编至今，主持出版报纸25期，积累了丰富的文字工作经验。喜欢文学和创作，所写的文章多次在校内外刊物发表。几年来，起草了大量应用文件，积淀了20余万字小说集一部、散文数篇，曾荣获首届驻济职业院校文学社团征文特等奖。

4. 有丰富的学生社会实践经历

积极参与开辟学生社会实践基地，多次策划组织暑期社会实践。2002年暑假，在青岛市参加了受中央电视台、《齐鲁晚报》等十几家省级媒体关注的“七元钱生存七天”异地生存体验，所写实践报告获得省级奖励；2003年暑假，带队党员职业院校学生“三个代表”赴××暑期社会实践服务团，被评为“团中央重点团队”。

当然，本人更有缺点和不足，需要您的指正和培养。坚信您的选择是我成功的开始！

祝您工作顺利，愿××集团永远发达！

自荐人：×××

二〇〇五年三月

除了自荐信和个人简历之外，为了加深用人单位对自己的印象，有时需要进一步提供其他材料，主要包括本人在校期间所获得的各类荣誉证书以及成果证明材料等。传统的做法是将各类证书复印装订，但现在来看，将所有的证书清晰地缩印在一张纸上，效果会更好。

其他材料的使用方法，要根据自荐的方式而有所不同。例如，参加面试或亲自上门去推荐自己，材料可以准备充分一些，凡能反映自己各方面能力的材料尽可能准备齐全，而且最好带原件。若采取寄送求职材料的方式，则应该选最具有代表性的材料，而且要根据各单位的不同情况有针对性地取舍，并且最好寄复印件，以防邮寄时丢失造成损失。

3.5.2 自荐方式与技巧

1. 自荐的种类

自荐的方式有很多种，综合来讲有口头自荐、书面自荐、广告自荐、电话自荐、网络自荐等。

（1）口头自荐。这种自荐方式，要求求职者必须亲临用人单位或招聘现场。其优点是直接面对招聘人员，便于展示自己的风度和才华，容易给用人单位留下深刻印象，如果表现出色，可能会被用人单位现场录用。其缺点是涉及面有限，尤其对路途遥远的单位更难实现。对个人来讲，如果自己谈吐自如、反应敏捷，此种自荐方式更能发挥自己的优势。对用人单位来说，新闻、外贸、外事、旅游、教育等部门也更青睐此种考察方式。

（2）书面自荐。书面自荐即通过求职材料的形式向用人单位推销自己。求职材料可以通过邮局寄送，也可当面呈递。在校期间学习成绩优秀、又有较好文笔和漂亮书法的毕业生多采取此种方式。这种方式覆盖面较宽，可以扩大自荐范围，不受限制。科研、出版、金融单位和工矿企业等注重实际的用人单位也乐于接受此类自荐方式。此种自荐方式有助于展示自己严谨、认真的工作态度。

（3）广告自荐。这是近年来出现的一种新的借助于报刊、电视等新闻传播媒介进行自我推销的自荐形式。这种自荐方式覆盖面宽，可以扩大自荐范围，一些有特殊专长的毕业生往往乐于采用此种自荐方式。

（4）电话自荐。电话自荐是指通过电话这种方便、快捷的通信工具来实现推荐自己的一种求职方式。这种求职方式一般适用于看到用人单位发布的招聘广告之后，根据其提供的联系电话和联系人，咨询人才招聘事宜。另外，也有的求职者根据自己的判断，确定应聘目标单位，然后通过电话了解该单位人才需求情况，从而实现自荐目的。电话求职遵循的原则是“正确、简洁、恭敬”。具体要求有以下几点。

① 尊称和礼貌用语要始终贯穿通话过程。

② 电话自荐的时机应建立在对目标单位较为了解的基础上。

③ 打电话的时间应尽量选在上午 9～10 点为好，忌在刚上班或下午 4 点以后。

④ 注意语音略高、语速略快原则，但要确保吐字清晰、平稳，以对方听清楚为原则。

⑤ 要言简意赅，通话时间不宜过长。

⑥ 通话之前要做到对通话内容了然于胸。

（5）网络自荐。在信息社会里，网络给人们的工作、生活带来了全新的变革。随着网络技术的不断完善和就业形势的日趋严峻，网上求职、网上招聘已经成为一项基础工作，职业院校学生在网上实现自荐，已经成为一种时尚。各大职业院校的就业工作部门也都有了一项新的任务：建设就业工作网站，实现毕业生就业工作的信息化运作。网络自荐方便快捷，成本低，同时还可以更直观地向用人单位展示自己的计算机操作技术，比其他求职者又多了一种竞争手段和就业渠道。

2. 掌握自荐技巧

（1）选择恰当的自荐方式。选择恰当的自荐方式，在求职择业过程中无疑会是十分重要的。就每一个求职择业的职业院校学生而言，究竟采用哪种自荐方式，应当从实际情况出发。例如，善于语言表达且有一口流利标准普通话的求职者，采用口头自荐似乎更能打动人心；倘若能写一笔隽秀的字或漂亮的文章，则选择书面自荐更能显示出求职者的魅力。当然，选择哪种自荐方式主要还要看用人单位的需要，对招聘播音员、节目主持人的用人单位来说，口头自荐显然更受重视；文秘职员的用人单位，则可能会让求职者先呈递书面的求职材料；而对于那些应聘远程、跨省、跨国公司的求职者，采用网络求职则更明智。此外，求职材料的递送方式也应当注意。在就业竞争激烈的情况下，邮寄的求职材料可能不易引起用人单位的注意和重视。求职者亲自登门至用人单位或在招聘现场当面呈递求职材料，则易于加深用人单位对自己的印象，从而增强求职者成功的系数。

（2）灵活掌握自我介绍的方法和技巧。自荐离不开向应聘单位进行必要自我介绍，灵活掌握自我介绍的一些基本技巧，显然有助于顺利打开求职的大门。自我介绍时，应遵循以下几个原则。

① 积极主动原则。自荐是求职者的主动行为，任何消极等待都是不可取的。自荐信、个人简历等求职材料的呈交、寄送要及时。在了解到需求信息时，更不能迟疑，否则就可能坐失良机。为使用人单位更全面地了解自己的情况，事先应做好各种求职材料的准备，不等对方索要，主动呈交；不等对方提问，要主动向对方介绍；不消极等待回音，主动询问。这样，往往会给人一种“态度积极、求职心切、愿望强烈、胸有成竹、志在必得”的感觉。

② 重点突出原则。在介绍自己时，应重点突出自己的能力和知识，本人基本情况和家庭情况简单介绍即可。对于自己的专长、经验、能力、兴趣等，要详细介绍。为了取得对方的信任，有时还应举例说明。比如，在校期间获得的奖励，承担的社会工作或某些工作经验、社会阅历等。要突出自己的优势和闪光点，因为与众不同的东西，可能就是你的魅力所在。平铺直叙，过分谦虚，有碍于用人单位对自己进行客观全面的了解和正确评价，容易把自己埋没在庞大的求职大军之中。

③ 真实全面原则。闪光点是要突出，但介绍自己各方面的情况时一定要实事求是，优势不羞谈，缺点不掩饰，是一说一，是二说二，客观全面，不能吹嘘或夸大。尤其是在介绍自己以往学习、工作上所取得的成果时，一定要恰如其分，否则，将适得其反。同时，自我介绍材料要全面、完整，切忌丢三落四，个人基本情况、社会关系、工作简历、学习成绩、业务特长及爱好，缺少其中任何一项都会给人一种不全面的感觉。自荐信、推荐表、个人简历、证明材料一应俱全，才能给人以系统全面的整体印象。

④ 有的放矢原则。即针对用人单位的具体要求，强调自己的社会经验和专业所长，这样才能使招聘者相信你就是最理想的应聘者。比如用人单位招聘文秘人员，你介绍自己如

何具有公关能力，就不如介绍自己的文、史、哲知识及写作才能；用人单位招聘科研人员，你展示自己的语言才能，就不如展现学业成绩和科研成果来得实在；用人单位招聘管理人员，你的学生干部经历及组织管理才能可能会更受重视。强调针对性的同时，也不能抹杀相关知识才能的作用。专业特长加上广泛的知识面和兴趣爱好往往会更受用人单位的青睐。

3.5.3 推荐的方式及内容

推荐的方式主要有学校推荐、老师推荐、亲朋好友推荐 3 种。实际上，这 3 种推荐方式，所用的基本情况、支撑材料都来自毕业生本人；用人单位初步确定人选后，面试阶段也是毕业生本人参加，所以都是间接的自荐方式。

1. 学校推荐

多年来，学校在向社会输送毕业生的过程中，与用人单位建立起了密切合作、相互信任的工作关系，再加上学校对毕业生的全面情况比较了解，而且以组织负责的形式向用人单位推荐，对用人单位具有较大的可靠性和权威性，所以较容易得到用人单位的认可。

2. 老师推荐

老师与社会各个阶层有着科研、教学等种种关联，他们当中的一些骨干教师与对口单位的领导或业务骨干有着较为密切的联系，或已在某个行业中具有较高的威望。因此，他们的推荐容易引起用人单位的重视和信任。

3. 亲朋好友推荐

随着社会的发展，人与人之间的交往日渐增多，通过父母、亲戚、朋友、师兄师姐等关系联系用人单位，可以有效地扩大求职范围，提高就业命中率。

上面介绍的几种自荐或推荐方式并不是孤立存在的，在现实的求职活动中往往要综合应用才会达到自我推荐的目的。一般来说，适当的口头自荐再加上书面自荐和学校老师的推荐，效果会好一些。

阅读材料

招聘企业挑选简历 6 大标准

在我们的职场中，简历就好比是一个企业和个人牵线搭桥的红娘，能否顺利地找到自己心仪的工作，那就得看这个红娘的能力有几分了。在我自己长期从事人力资源招聘工作过程中总结了以下几点建议，希望能帮助在职场中求职屡遭败阵的求职者，特别是应届毕业生。

1. 过长的简历毫无作用

简历的长度和厚度：招聘者平均在每份简历上花费 1.4 分钟。一般会阅读 1 页半材料。过长的简历毫无作用，而且不容易突出重点。在简历后附上一大堆证明材料的做法并没有增加录取机会，但没有发现负面的影响。就按照我个人的一贯招聘经验，首先看的是工作经验这一项，其次看个人评价和所获培训等，因此在简历的后面附上一沓毕业证书等复印件就根本用不到，这些一般在初试通过后才要求提供。

2. 传统信件的投递效果会更佳

投递的方式：通过 E-mail 和网站递交的电子版简历，得到的关注比通过传统信件要少。平均会减少 23 秒左右。此外，我们发现会有约 5%的电子简历会由于网络或其他问题没有被招聘者看到。因此，我们建议仍然通过传统的信件方式，除非雇主明确表示出偏向性。

3. 硬性指标要过硬

选择方法：约有 20%的雇主承认他们会使用一些级别较低的助理人员来处理简历，这些人员会有一些硬性的选择标准。另有 45%的雇主认为他们进行初选时，也基本只看这些硬性指标。

常见的标准，以雇主使用的频繁程度为序：①英语证书；②户口；③专业背景；④学校名声；⑤在校成绩。值得注意的是：这些标准不一定会在招聘要求中注明，但自己心里一定要有数，相关的信息一定要全。

4. 外企重视英语和学校

关注要点：中国的公司和外资企业的关注点有一定区别。总的来讲，外企更重视英语和学校名声，中国公司看重专业和户口。越是热门的公司，其往往对在校成绩更关注。建议职业院校学生制作不同的简历来突出不同的要点。

5. 总体印象重要所学课程次要

简历内容：只有 23％的人能在半小时后大体描述它所看过的简历上学生具体活动和职位。他们只有一个对学生性格的总体印象。所以：是学生会副主席还是部长并不重要，关键是你不要给人留下一个书呆子的印象。但如果说谎，也容易出局。

很多简历上会列出自己的学习课程，只有 4%的公司会仔细阅读。专家建议：你可以列出，但必须是重要的，而且不要超过一行。

6. 简历表达好，增加录取机会

表达能力：我们发现符合要求的表达非常重要。同一个人的简历，经过专家修改，可以增加 43%的录取机会。简历的常见问题是：表达不简洁，用词带过多感情色彩，英语表达不规范，过长无重心，格式不规范等。

资料来源：吴毅斐．天津日报网 http://past.tianjindaily.com.cn

思考题

1. 自己动手做一份简历

如何制作简历，在简历中你应该列示什么项目，而哪些项目无需出现在简历上？包括你如何找到自己经历中的亮点来映衬你的简历以及如何选取自己相关经历来证明你所具备的核心优势，请按照下面的指导，做一份简历。

（1）选择简历项目。你准备在简历中写哪些内容？请在选中的项目后面画“O”（见表 3-1），并思考为什么要选择这些项目，然后比较你和其他同学的选择，讨论为什么会有不同。

表 3-1 简历项目

简 历 项 目	是 否 选 择	简 历 项 目	是 否 选 择
性别		实习公司名称	
籍贯		实习职位	
身高		具体的工作内容	
体重		取得的成果	
民族		在公司获得的奖励	
政治面貌		获得工作的原因	
固定电话		介绍实习公司	
手机		社团名称	
电子邮件		社团工作头衔	
住址		社团工作内容	
邮政编码		社团工作成果	
照片		发表的论文	
求职目标		参与的项目	
自我评价			
毕业学校		发表的著作	
专业		英语四、六级	
班级排名		外语口语	
		计算机等级考试	
入学成绩		TOFEL、GRE、ITIS	
奖学金		兴趣爱好	

（2）突出核心优势。在所有经历中，选择两个核心优势。

核心优势一：________________________________

核心优势二：________________________________

跟身边的同学交流，询问他们对你的优势的看法，他们的意见是否与自己的选择相同？如果有不同，讨论意见不同的原因。

（3）组织优势的证据。确定需要表现的核心优势之后，组织可以向公司证明这些优势的证据，证据可以是自己的实习经历，在工作中承担的责任，取得的成果，或者是公开发表的文章，获得的奖励。

证明优势一的证据：

①________________________________

②________________________________

③________________________________

证明优势二的证据：

①________________________________

②________________________________

③________________________________

（4）为简历选择一个漂亮的格式。

<table>
<tr><td align="center">××大学</td></tr>
<tr><td align="center">姓　　名：
籍　　贯：
出生年月：
电　　话：
电子邮件：
通信地址：
邮　　编：</td></tr>
<tr><td align="center">教育背景</td></tr>
<tr><td align="center">2001 年 9 月～2004 年 7 月　××学院××××专业
学分××，专业排名第×，
2003 年　　获得××××奖励
2002 年　　获得××××奖励
2001 年　　获得××××奖励</td></tr>
<tr><td align="center">社会实践</td></tr>
<tr><td align="center">200×．×　　××××公司××××职位
200×．×　　××××公司××××职位</td></tr>
<tr><td align="center">社团活动</td></tr>
<tr><td align="center">200×．×　　××××协会××××职位
200×．×　　××××协会××××职位</td></tr>
<tr><td align="center">专业研究</td></tr>
<tr><td align="center">200×．×　　　　　参加《××××》
200×．×　　　　　发表《××××》</td></tr>
</table>

2. 你选择 offer 的指标是什么

每个人都有自己的不同的选择 offer 的标准，如何做出选择，必须遵照每个人自己心底深处的声音来判断，所谓：“没有最好的选择，只有最适合的选择”也正是这个道理，你选择 offer 的指标是什么？

每个人选择 offer 时都会有自己的考虑，你的考虑是什么？请在你认为重要的指标后画○（见表 3-2）。也可以根据自己的情况重新设定指标。

表 3-2

选择 offer 的指标		你的选择
工作本身	所在行业的未来发展	
	公司的经营状况	
	企业类型	
	未来的职业发展	
	薪酬福利	
	工作地点	
	工作内容	
	人际关系复杂度	
	公司形象	
自己的因素	对公司产品的好恶	
	身边人对公司的评价	
	与亲人的距离	
其他因素	是否解决户口档案问题	
	录取的人数	

选择之后，为每个指标确定权重，权重的意思就是这个指标相对于其他指标的重要程度，所有指标的权重总和为 100，如果只选择了三个指标，权重可能是 30:30:40 或者 10:30:60 等。

在表 3-3 中，为你选中的指标分配权重，当需要对一个 offer 进行抉择时，可以对每个指标进行打分（总分为 10），所得到的分数乘以权重就是这个指标的分数，汇总所有指标的分数就是你对这个 offer 的评价。

表 3-3 权重分配

你所选择的指标	为指标分配的权重	给指标的评分	指标的得分
指标 1	10	8	80
指标 2	15	6	90
指标 3	8	9	72
指标 4	30	3	90
指标 5	20	5	100
指标 6	7	8	56
指标 7	10	10	100
对这个 offer 的总体评价			588

事先设定一个可以接受的评价值，如果评价结果高于设定的值，那么这个 offer 就是可以接受的。面临多个 offer 选择时，得分最高的就是自己想要的。

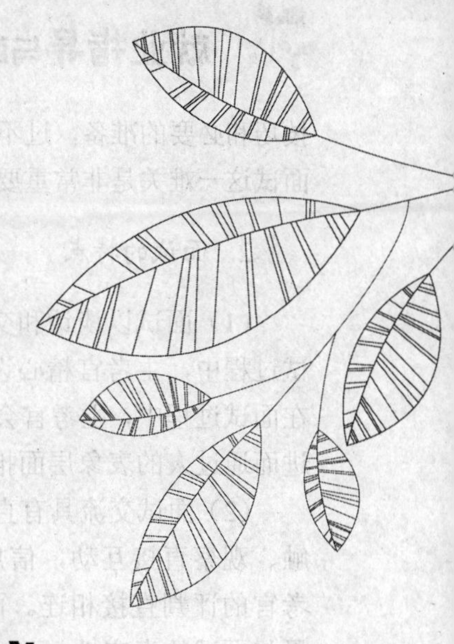

第4章 面试与笔试

面试和笔试是人才供求过程中两个重要阶段，随着社会的进步和发展，人才招聘的方法、程序和步骤越来越规范，面试和笔试的内容将会更加丰富，形式将会更加多样，在人才供求过程中的作用将会得到进一步发挥和体现。

4.1 面试的种类和准备

面试是一种经过招聘单位设计的，以谈话为主、观察为辅了解应聘者素质和相关信息为目的的测试方法。面试不仅考核一个人的业务水平，而且可以面对面地观察求职者的口才和应变能力等多方面的素质，所以多数用人单位对这种方式更感兴趣。

4.1.1 面试概述

面试不同于日常的观察、考察，也不同于一般的口试和面谈。求职者在面试前要做好充分的准备工作，知己知彼才能百战不殆。

1. 面试的含义

面试是毕业生在找工作时所要面临的一个重要环节，是用人单位在规定的时间和空间内通过当面交流来考核应试者的一种招聘测试。通过面试，用人单位不仅可以直接了解应试者的面貌和举止，而且可以了解应试者的总体素质和各方面的才能。同样，对于毕业生来讲，面试是一种综合性极强，集多种知识、能力于一体的多方面考核方式，是对自己多年的学习、实践成果的一次检验。面试时的表现往往影响到应试者和用人单位能否成功建立聘用关系。然而，在职业院校毕业生求职面试的实践中，往往有一些素质不错的毕业生，由于缺乏面试技巧和必要的准备，过不了面试关。因此，学习和掌握面试技巧，做好充分准备，对于应对面试这一难关是非常重要的。

2. 面试的特点

（1）面试以谈话和交流为主要手段。谈话是面试过程中的一项非常重要的手段。在面试过程中，主考官精心设计谈话题目，应试者应当恰当、顺畅地回答主考官提出的问题。在面试过程中，主考官会运用自己的感官，特别是视觉和听觉，观察应试者的非语言行为，进而通过人的表象层面推断其深层心理。

（2）面试交流具有直接互动性。面试过程中，主考官和应试者面对面交流，双方的接触、观察直接互动，信息交流和反馈也相互作用，因此，应试者的语言及行为表现与主考官的评判直接相连。面试的这种直接互动性提高了主考官与应试者之间相互沟通的效果与面试的真实性。

（3）面试内容具有灵活性。面试的内容具有灵活性，一方面，由于不同的职位对人有不同的要求，面试可以根据职位特点灵活地采用不同方式去考查应试者；另一方面，面试内容应根据应试者表现灵活把握。虽然面试内容需经主考官事先拟定，以便有的放矢，但在面试过程中又要因具体情况而异，灵活调整；既能让应试者充分展示自己的才华，又要达到用人单位自己的意图。

（4）面试是一个双向沟通的过程。面试是主考官和应试者之间的一个双向沟通的过程，如图 4-1 所示。在面试过程中，应试者不是一个完全被动的角色。主考官可以通过谈话和观察来评价应试者，应试者也应通过主考官的行为来判断其价值判断标准、态度偏好、对自己表现的满意度等，来调节自己在面试行为中的表现。同时，应试者也可以借此机会了解自己想要知道的信息，以此决定是否可以接受这一工作。

图 4-1　面试沟通

4.1.2　面试的形式

无论在国企面试还是在外企面试，面试所采取的形式一般是如表 4-1 所示的一种或几种形式的组合。

表 4-1　面试的形式

面试形式		企业类型			
面试进程	面试形式	国有企业	外资企业	公务员	民营企业
第一轮面试（淘汰性面试，一般由初级 HR 担任面试官，主要是确认简历内容，选择合适的应聘者推荐给上级）	一对一		√		√
	一对多	√	√	√	√
	小组讨论	√	√		
	辩论赛		√		
	口头演讲		√	√	
	团队游戏		√		
	群面	√	√		

续表

面试形式		企业类型			
面试进程	面试形式	国有企业	外资企业	公务员	民营企业
第二轮面试（选拔性面试，由HR主管或用人部门主管担任面试官，考察学生的能力是否符合工作需要，初步做出录用与否的决定，供上级作最后的判断）	一对一	√	√		√
	一对多			√	√
	小组讨论	√	√		
	辩论赛		√		
	口头演讲		√		
	团队游戏	√	√		
	共进晚餐		√		
第三轮面试（决定性面试，由最高层领导担任面试官，考察学生个性和价值取向。正式做出录取与否的决定）	一对一	√	外企一般只进行两轮面试。淘汰性一面和为期一天的评估中心（Assessment Center）	√	√
	一对多			√	
	小组讨论	√			
	共进晚餐	√			

这个表只是给大家一个概括的印象，大体知道不同类型企业面试的形式。可以看得出来，国有企业面试环节比较多，一般在三次或三次以上，但也有例外的情况，比如中国人寿就只有一次一对多的面试；外资企业的面试程序相对规范，面试的类型比较多，难度也更高；公务员面试形式比较固定，多数为一对多或者多对一的面试，通常面试一至两次，其中多对一的面试如图 4-2 所示；民营企业由于申请人数不像前 3 种那么多，面试多采取一对一或一对多的形式，比较简单。

图 4-2　多对一面试

4.1.3　面试前的准备

俗话说：不打无准备之仗。面试前的准备相当必要，大致有以下几个方面。

1. 深入了解用人单位

古人说：知己知彼，百战不殆。面试和打仗有着同样的道理，因此，在面试前了解用人单位的情况非常重要。一般来说，毕业生可通过用人单位的宣传资料、网站、报纸、杂志、广告宣传手册和新闻媒体的报道等渠道来了解用人单位的性质、规模、特色、组织机构、金融状况、发展前景、企业信誉等情况，了解用人单位对员工的工作要求、职责以及给予员工的报酬、培训等情况，了解用人单位招聘职位的性质、工作内容、所需知识和技能等。若事先对这些情况一无所知或知之甚少，则在面试时容易处于被动境地，也容易对用人单位招聘人员造成你不关心我单位的不良印象，从而影响面试成绩。

2. 充分准备材料

参加面试要带好个人简历、自荐信、成绩单以及有关证书等材料。例如，各类获奖证书，外语、计算机、职业技能等级证书。如果应聘外资企业，最好将自荐信、个人简历等材料准备为中英文对照格式。即使曾经发过求职信和个人简历，也应该再带上一份材料，以备用人单位查看。

3. 面试训练准备

刚毕业的职业院校学生缺乏求职面试经验，在面试前有必要进行一些面试技巧训练，面试技巧的训练包括学习聆听、敏捷反应、沉着应对、说话具有条理性、得体的举止、面试礼仪等。职业院校毕业生可以通过学校就业指导课或讲座来学习、查阅有关面试的指导书籍、模拟面试等途径进行训练。

4. 面试状态的调整

（1）调整心情。面试时一定要精神饱满，在参加面试前要适当放松，洗澡、理发，搞好个人卫生，调节自己的生活规律，保证充分的休息时间，以饱满的精神状态面对主考人员。

（2）准备好面试服装和物品。准备好面试的服装、公文包、皮鞋及笔、记事本，甚至准备好第二天的早餐等。

（3）独自前往。在各类面试及咨询中，一定不要让自己的父母或亲戚朋友陪同，要独自前往。这样可以避免用人单位怀疑个人的独立能力和自信心。

（4）遵守约定的时间。参加面试，最好比约定时间提前到达面试地点（一般提前 10 分钟到达），以稳定自己的情绪和做好面试准备。到达用人单位后礼貌对待前台接待，在规定的地方等候，不可随意走动。如果有意外情况，最好能够在面试前通知用人单位，告之自己不能准时到达面试地点。

阅读材料

面试前要做 10 件事

要得到任何一个职位，必须经过面试这一关，短短几十分钟的面试也许就决定着你的职业生涯，当你接到企业的面试通知电话后，应该做什么呢？

（1）接到面试通知电话时一定要问清楚应聘的公司名称、职位、面试地点（包括乘车或开车的路线)、时间等基本信息，最好顺便问一下公司的网址、通知人的姓名和面试官的职位等信息。最后，别忘了道声谢。这里提醒大家，尽量按要求的时间去面试，因为很多企业都是统一面试，如果错过机会可能就错失了。

(2)了解公司背景，包括企业所属行业、产品、项目、发展沿革、组织结构、企业文化、薪酬水平、员工稳定性、发生的关键事件等，了解越全面、深入，面试的成功率就越高，同时，也有助于对企业的判断(人才和企业是双向选择的关系)。

(3)应聘职位情况包括应聘职位的职位名称、工作内容和任职要求等，这一点非常重要，同一个职位名称，各家企业的要求是不尽相同的，了解越多，面试的针对性就更强。

(4)在亲友和人脉圈(包括猎头)当中搜索一下有没有熟悉、了解这家企业的，他们的感受或了解无疑具有非常重要的参考价值。

(5)这里要说明的是，去招聘会或网上投简历时，最好有个记录，包括应聘的企业和职位、哪份简历投的，哪些企业招聘会上做过简单面试，面试官是谁，面试内容是什么，提过多少待遇要求等。在接到面试通知时，马上查看一下。

(6)如果是应聘高管职位，最好能了解一下老板的相关背景和个性风格等(一般情况下，老板肯定是面试高管的最后一关)。笔者在面试猎头职位候选人时，就有很多候选人询问老板的年龄、性别、籍贯、风格，甚至成长背景等情况。

(7)学习一些实用的面试技巧。关键要在3~5分钟内如何做自我介绍、如何尽可能展现自己的优势和实力，给面试官一个选择你的理由。对一些常见的面试问题要有应对的准备。最好能做个模拟面试演练，在亲友中找个在企业做经理或HR的做个现场评判，提提建议，以便发现问题，及时调整。

(8)每家企业有不同的企业文化和对人才的软性倾向，有强调沟通协调力的、有强调执行力的，也有强调团队协作或职业感的等，虽然每个人的风格已经基本定型，但面试时不妨适当做有针对性的表现。

(9)估算一下路途时间，一定要留出富裕时间，绝对不要迟到，也不要太早到达，最好是提前5~10分钟进场。如因堵车等原因不能准时到达，也要电话说明情况，请求谅解。

(10)一定要充满自信，记住自信不一定成功，但不自信一定失败。心态上要平和一些，积极一些，成熟一些，不要紧张(只有放松才能把自己的东西发挥出来)，让人感到你既有才干，又敬业厚道就行，毕竟谁也不会喜欢虽然有才但却不让人放心的人。

资料来源:《资深猎头:面试前要做十件事》. 新华网 http://news.xinhuanet.com

4.1.4 面试的难点与应对方法

尽管应聘面试前做了大量的准备工作，但是还会有可能出现一些意想不到的情况，若处理不好会直接影响面试的结果。这里介绍几种常见情况，以利于毕业生有针对性地加以准备。

1. 精神紧张及克服的办法

几乎95%以上的毕业生在接受调查时都承认自己在面试时精神紧张，精神紧张已经成为毕业生面试时需要战胜的最大敌人。在陌生的环境，被陌生的人提问，表现如何事关自己今后一段时间的发展前途，这种情况下产生紧张的情绪是正常的。适度的紧张可以促使毕业生更加集中注意力投入面试，但紧张过度则对面试极为有害，不仅使应试人注意力不集中，甚至可能将事先准备的内容忘得干干净净，头脑一片空白。以下两种方法可以帮助面试者克服紧张情绪。

（1）做好准备，从容镇定。预计到自己临场可能会紧张，应事先请有关教师或同学充当主试人，举办模拟面试，找出可能存在的问题与不足，增强自信心。

不要将一次面试的得失看得太重要，要知道，虽然你自己紧张，你的竞争对手也不轻松，甚至可能不如你。同等条件下，谁克服了紧张情绪，大方、镇定、从容地回答每一个提问，谁就会取得胜利。

（2）不要急着回答问题。主试人问完问题后，应试人可以考虑5～10分钟后再作回答。对某些一时难以回答的问题，可用比较委婉的语气避开，这也是一种诚实机智的表现。

回答问题时语速不可太快，否则容易使思维与表达脱节，也容易表达不清。这些情况会增加紧张情绪，导致面试难以取得应有的效果。应切记面试时讲话要不急不慢、逻辑严密、条理清楚。

2. 遇到不清楚的问题及解决办法

如果应试者不知如何回答主试人提出的问题，可以婉转地问主试人是否指向某一方面，但不可胡乱猜测，信口开河。如果真是一点也不清楚怎么去回答，就应实事求是地告诉主试人，这个方面的知识未接触过。作为主试人，他可以理解你的回答，因为世界上没有人什么都懂，况且，这样的问题该不该提出来还是个疑问。

3. 讲错了话及改正的办法

人在紧张时很容易说错话。若讲错的话无关大局，无伤大雅，就不要太在意，继续专心应付下一个提问，而不必耿耿于怀，提心吊胆，不能因一个小错误而影响了大局。若应试人感觉说错的话比较重要，则应该及时道歉，并表达出你心中本来要讲的意思。对主试人而言，他可能更欣赏你坦诚的态度，或许你会因此而博得了主试人对你的好感。

4. 几位主试人同时提问怎么回答

遇到几位主试人同时提问，一些经验不足的应试者会胡乱地选择其中问题之一或部分加以回答，结果自然不能让所有主试人都满意。在这种情况下，既要逐一回答，又要显得有礼貌。你可以说：对不起，请让我回答甲领导的提问，然后再谈乙领导的问题，可以吗？回答哪位领导问题在先，哪位在后，一般应先回答主考官的问题。当然，你也可以按发问的先后次序回答。回答问题时，应试人的目光主要和发问的主试人进行交流，但也要适当顾及其他领导，让他们觉得，你是和所有主试人在交流。同时，还应逐一观察提问者的反应和面试室内的气氛，以便随时调整谈话的策略和方式。

总之，面试时不论遇到什么情况，应试人都应沉着冷静，镇定自若地加以处理，千万不能惊慌失措。只要认真对待，定能化险为夷。或许这就是你获得主试人欣赏的契机。

阅读材料

成功面试三法则你知道吗？

面试是踏入职场的第一步，成功与否决定你以后的发展道路。

法则一：你是找工作不是发传单

现在很多毕业生找工作时，总是抱怨复印简历需要花费大量的金钱，而且大多还是石沉大海。如果你只是想找个工作，或许可以把自己的简历像传单一样发给每个过往招聘的单位；如果是想找到好的工作，那么建议最好是有选择地投简历。这样省钱也省精力。而且也容易以好的精神面貌出现在主考官面前。

法则二：你是去面试不是去聚会

去面试时，你的仪表很重要。有的女孩子打扮得很漂亮，只是那种漂亮有些不合时宜，舌头上都打了好些的小洞洞。也有人化着浓妆，说话装腔作势，本来可以好好回答的问题，非要拿腔拿调，这些在面试时都是比较忌讳的。上班族的服饰，不被人关注就是最大的亮点。得体是一个公司职员起码应该做到的。

法则三：你是求发展而不是去乞讨

在当今这个竞争激烈的社会，工作大多时候是为了生存，只有在生存的基础上才可以谈发展。当对方问你理想月薪时，千万别说够吃够喝够租房就行，这样的概念实在是很笼统，也不要头脑发热说个过高的数。而是说出你的真实想法，如果你想月薪在 3 000 元左右，那么你不妨说 2 500 元到 3 500 元之间。让彼此都有一个选择的空间。

面试考察的是一个人的综合能力和素质，而不是某一方面的才能。面试时，不要以一个卑微的身份去乞求一份工作。

在结束面试离开时，要对主考官们说谢谢，要报以最真诚的微笑。

资料来源：辽宁省就业网 http://www.jyw.gov.cn

4.2 面试礼仪

言行举止和穿着打扮可反映出一个人的修养和生活风格，仪表往往能决定招聘者对应聘者的第一印象。

4.2.1 面试仪表

面试是比较正式的接触，求职者应该懂得仪表的重要性，它直接影响主考官对求职者印象的好坏，进而决定是否录用。

1. 服装服饰

服饰能够反映出一个人的文化水平、修养和气质，它是一种重要的体态语言。从某种程度上来讲，外表装束更能反映一个人的心态。

应试者参加面试时应做到着装整洁、大方、符合职业形象。要做到服饰得体，仪表整洁。服饰搭配协调，比较适合职业院校毕业生的面试需要。在应聘不同岗位时，衣着应与之搭配。根据所应聘的工作性质和类型，确定自己的穿着，这是一个较稳妥的做法。不同的职业对人的要求是有差异的，而这种差异同样体现在穿着上。尽管没有成文的规定来划定对某种职业的穿着标准，但人们的心理上确实存在着各种各样的模式化的思维。观察一下就可发现，从事不同职业的人一般有着不同的穿着特点。因此，求职者的穿着最好是与所求工作的性质和环境相一致。例如，应聘车间里搞安装之类的具体操作岗位，应穿朴素一点；去广告公司应聘，则不应穿古板落俗的衣服。若从事比较活泼的行业，如营销，则上衣与搭配的裙子或长裤未必要同色，也可以有些图案。

应试者的衣着服饰要注意以下几个方面。

（1）女同学忌讳上衣与裙子都花花绿绿的，避开大红、橙色或粉红、紫色等颜色。

（2）男生穿深色西装，领带、衬衣袖口要注意清洁。

（3）尽量减少佩戴首饰。

2. 化妆与发型

化妆与发型也很重要。面试前，应整理仪容，头发清洗干净，梳理整齐，不要染怪色头发。男同学不要留小胡子，不要留长发。女同学不要浓妆艳抹，不要用浓烈的香水，女性应聘适当化淡妆。

4.2.2 面试举止

举止是无声的语言，主要通过人的表情、姿势、动作等表现出来，它是一个人是否具有修养的表现。

面试时应注意以下几方面。

1. 敲门进入面试室

轮到你面试时，应在面试室外轻轻敲门（面试室的门一般是关着的），得到许可后方可进入面试室。注意敲门不可用力太大，也不可未进门先将头伸进来张望一下再进门，更不可大大咧咧地直接推门而入。进门后，应轻轻地转过身去关上门。

2. 主动与主考官打招呼

可点头微笑，也可问候（如上午好、下午好、各位领导好等），要有礼貌地告诉主考官自己是谁，做到举止大方，谈吐高雅，态度热情。需要注意的是，面试时不要与主考人握手，除非主考人员主动伸手与你握手。

3. 回答问题时精神集中

面试时回答问题要集中精神，力求给对方以诚恳、沉稳自信的印象。老老实实讲出自己能做什么，不能做什么，切忌含糊其辞。根据听者的反应适时调整自己的语言表达方式，冷静地保持不卑不亢的风度。

在语言方面，毕业生谈话的内容和说话的方式同等重要。只要讲话条理清楚，并通过表情、语调、声音等诸方面的配合，传达出自己真诚、乐观、热情、大方的态度，就会收到良好的效果。

4. 微笑待人

微笑是一个无言的答语，它表示欣赏对方的盛情，表示领略，表示歉意，也表示赞同。微笑是自信的象征，是心理健康的表示或标志，微笑待人是礼貌之花，是友谊之桥。

初次见面，微微一笑可以解除精神和肉体的紧张，给人以亲切自然的感觉。

面对消极防御和排斥他人的主试人，微微一笑可以使他解除戒备心理，使双方的心理距离迅速缩短（见图 4-3），所以，求职时面带微笑会提高成功率。

图 4-3 微笑待人

5. 面试时的姿势

站有站相，坐有坐姿，进入面试室落座后的姿势也非常重要。正确的坐姿是，全身放松，两腿自然并拢，手放在膝上，挺直腰板，身体微向前倾，既不可坐得太浅，也不能坐得太深。坐浅了容易使自己紧张，导致注意力不集中，坐深了斜倚在靠背上给人以懒散感。正确的坐姿，让人看见后会感觉到应试人精神振奋，朝气蓬勃。注意不要有小动作，例如，下意识地看手表（让主考人觉得你对面试或提问有些不耐烦）；或坐着时双腿叉开，摇晃不停；或大腿跷二腿，不住地抖动；或讲话时摇头晃脑；或用手掩口；或用手不住地挠后脑勺；或不停地玩弄随身携带的小物件等。这些小动作会使主试人分神，并很有可能引起他们的反感。

重要提示

坐的规范要求：上体正直，头部端正，双目平视；两肩齐平，下颏微收，双手自然搭放。女士、男士坐姿分别如图 4-4 和图 4-5 所示。

图 4-4　女士坐姿

图 4-5　男士坐姿

6. 认真地倾听并注意目光的交流

面试时与主试人员保持视线的接触，是交流的需要，也是起码的礼貌，更是应试人自信的一个表现。面试时若回避对方目光，会被主考人认为你或许太胆怯，心中无底；或许太傲气，不将主试人放在眼中。正常状态下，应试者应将大部分时间望着向自己发问的那位主试人，但不要一直将目光盯着对方的眼睛，这会让人觉得你太咄咄逼人，会被认为向主试人挑战，正确的方法是把目光放在对方额头或鼻梁上方，保持目光的自然轻松、柔和，传达出你的真实思想，这样会让对方觉得你是在聚精会神地和他交流。

7. 微笑告辞

当主试人示意面试结束时，应微笑起立，感谢用人单位给予你面试的机会，然后道别，没有必要握手（除非主试人员主动伸出手来）。如果你进入面试室时有人接待或引导你，离开时也应一并向其致谢、告辞。

8. 面试的后续礼仪

面试结束一两天之内，根据需要可以向面试人员和其他人员写封感谢信，但不是必需的。内容包括：简短重申你的优点和你对应聘职位十分感兴趣，你能为用人单位做出的具体贡献以及希望早点能听到用人单位的回音。感谢信最好在面试结束后 24 小时内发出。哪怕你预感可能落选了，寄一封短信说明你即使没有成功但也很高兴有面试机会。这样做不仅仅是出于礼貌，而且还能使接见者在其用人单位出现另一个职位空缺时想到你，为自己创造一个潜在的就业机会。

例如，面试后的感谢信可以参照如下格式书写。

尊敬的 × × 先生:

感谢您昨天为我的面试花费的时间和精力。我觉得和您的谈话很愉快，并且了解到很多关于贵公司的情况，包括公司的历史、管理形式以及公司宗旨。正像我已经谈到过的那样，我的专业知识、经验和成绩对公司是很有用的，尤其是我的刻苦钻研能力。我还在公司、您本人和我之间发现了思想方法和价值取向上的许多共同点。我对贵公司的前途十分有信心，希望有机会和你们一起为公司的发展努力工作。

再一次感谢您，并希望有机会与您再谈。

学生: × × ×

年　月　日

重要提示

求职礼仪并不仅仅是穿什么衣服，化什么样的妆，也不仅仅是会说几句客套话，而是要有发自内心地对他人的尊重和关注，并要使他人感受到受尊重和被关注。

9. 准确体会面试官的意图

面试过程中面试官每问一个问题，一定是有自己的意图的，不可能信手拈来，一般来讲，面试官问到的问题会如表4-2所示。

表4-2　面试问题分析

问题的类型	代表性问题	问问题的意图	回答的方法
询问过去的经历	你能用两分钟做一个简单的自我介绍吗	他概述和表达的能力怎么样？是不是准备好了背给我听	简洁，突出自己的核心优势
	过去最成功的事情是什么	他是个成功的学生吗？对成功的评价方法是不是和我们一致	慎重选择，符合公司文化
自我评价	你怎么认为你对我们有价值呢	他愿意脚踏实地地工作吗	表示从基层做起的愿望，而不是战略规划
	最大的优点是什么	他的能力和我们的岗位是不是匹配呢	选择符合岗位需要的优点
处理矛盾	你通常如何处理别人的批评	他善于排除人际关系的困扰吗	坦诚接受并努力改正缺点
	你不愿意跟哪类人交往	他是个合群的人吗	争取跟所有人沟通，对事不对人
考察知识	营销的4P是哪些	看看他基本的知识是不是扎实	尽可能使用完整、标准的定义，适当举例
	为什么人民币坚持不贬值	他对热点问题关注吗？有没有自己的想法	能够把握最新的动向，提出自己的想法

续表

问题的类型	代表性问题	问问题的意图	回答的方法
分析问题的思路	请谈谈大学的作用	他能不能从宏观上把握问题？思维结构完整系统吗	思路清晰完整，从结构上入手，而不是细节
	全国每年卖多少支牙膏	他能想出几个方法来？他的思路缜密吗	想出两种以上的方法，方法不能有漏洞
未来的打算	你的职业生涯目标是什么	他对未来有什么规划？符合我们公司的情况吗	一步一个脚印在公司里慢慢成长
	有创业的打算吗	他是不是富有开拓精神？他准备在我们公司干多久	谈自己对创业的看法，表示暂时没有打算

4.3 笔 试

在招聘的过程中，笔试也是很重要的一个环节。笔试主要适用于应试人数较多、需要考核的知识面较广或需要重点考核文字能力的情况。大企业、大单位大批量用人，国家机关选聘公务员，往往采用此种考核形式。

4.3.1 笔试的准备

了解笔试的相关知识和技巧，可以帮助应聘者从容应对笔试，取得好成绩。笔试的准备主要包括身心准备和知识准备两部分。

1. 身心准备

一般来讲，进行笔试的身心准备时应注意以下几方面。

（1）平时认真学习，扩大知识面。良好的笔试成绩来自于平时的努力学习。在学校期间应努力学习，掌握专业知识和技能，不能指望临时抱佛脚，靠猜题押宝取胜。在校期间的学习不仅仅是专业课，更多的在于三年如一日的各方面知识的学习与积累，并注意多方面了解社会信息。课堂学习只占大学学习的一部分，大学期间还要学会如何学习。有了平时的知识积累，笔试时无论用人单位从哪方面进行知识考查，应试者都会信心十足，应对自如。

（2）笔试前进行必要的复习。复习已学过的知识是准备笔试的重要方式。有些已学过的知识可能已经淡忘，经过简单的复习，有助于恢复记忆。从考试的准备角度讲，知识可以分为靠记忆掌握的知识和靠不断应用来掌握的知识，用人单位比较重视考核应试者对所学知识的应用能力。一般说来笔试都有个大体的范围，可围绕这个范围翻阅一些有关的图书资料，并注意运用知识解决实际的问题。

（3）保持良好的身心状态。参加笔试需要良好的心理素质。求职笔试虽然不同于高考，但却是用人单位挑选招聘人选的重要参考。临考前，一要正确评价自己，树立自信心，调整好心理状态；二要保持充足的睡眠。可以参加一些文体活动，从而使高度紧张的大脑得到放松休息，以充沛的精力去参加考试。

2. 知识准备

进行笔试的知识准备时应注意以下几个方面。

（1）学以致用，理论联系实际。求职笔试多是考查学生综合运用所学知识解决实际问题的能力。因此，应试者平时应注意培养运用所学的知识分析、解决问题的能力和实际动手能力。

（2）提纲挈领，系统掌握。把与招聘职位相关的各方面知识进行认真梳理，以便全面把握。注意提纲挈领，掌握重点，提高效率。

（3）多读多练，提高阅读能力。复习时广泛阅读相关知识，扩大知识面，提高阅读能力，以备应试时能应付自如地回答各类问题。

（4）敏锐思考，提高快速答题能力。笔试不仅考查知识的储备，更要求答题的速度。招聘考试中的题量较大，应试者还应该培养自己快速阅读、快速思维、快速答题的能力。

4.3.2 笔试的种类

根据考核的方向和内容不同，笔试可以分为专业考试、心理测试、技能测验、命题写作、公务员考试等不同类型。

1. 专业考试

这种考试主要是为了检验应试者专业知识水平和相关的实际能力。一般的用人单位看毕业生的成绩单就可以大致了解其知识水平，但有一些专业性要求比较高的用人单位，需要通过笔试的方式对求职的毕业生的专业水平进行考核，这种考核方式已被越来越多的热门用人单位所采用。例如，外贸外资企业招聘职员要考外语水平，金融单位要考金融专业知识，公检法机关录用干部要考法律常识等。

2. 心理测试

心理测试一般是要求被测试者完成事先编制好的标准化问卷，根据完成质量来判定其心理水平或个性差异的方法。一些用人单位常常以此来测试应试者的态度、兴趣、动机、智力、个性等心理素质，有些用人单位还用以考察应试者的观察能力、综合分析能力、思维反应能力等。

3. 技能测验

技能测验实际是考查毕业生动手能力和实践能力，包括毕业生熟练操作和使用计算机、英语会话和阅读能力，以及在财会、法律、驾驶等方面的能力。

4. 命题写作

用人单位通过论文或公文写作考查应试者文字表达能力及分析归纳能力。例如，限时写出一份会议通知、请示报告或某项工作总结，也可能提出一个论点，让应试者予以论证或辨析等。

5. 国家公务员考试

公务员的录用考试一般分两步进行。第一步是全国或全省统一的资格考试，考试的内容综合性较强，包括综合知识和行政能力倾向测试等，题目量很大，全凭毕业生的反应能力。公务员的统一考试就如一张入场券，是去某一个机关成为一名公务员的必备资格。第二步是达到了规定分数线的毕业生，可参加用人单位的面试，一般由单位组织相关人员与毕业生进行面谈。

4.3.3 笔试的方法和技巧

笔试的主要内容首先是基础知识和专业知识，其次是与招聘单位相关的某些知识。参加笔试时主要应注意以下几点。

1. 增强自信心

缺乏自信心往往会导致笔试怯场。客观冷静地对自己进行正确评估，就能克服自卑心理，增强自信心。应聘笔试同高考不同，高考是一锤定音，而参加笔试则可以会有多次机会，因此没有必要过分紧张，而是要适当放松心情，调整好精神状态去应试。

2. 做好针对性准备

笔试内容具有不确定性的特点，因此没有办法进行深入复习，但考试前可以训练一下自己的答题速度，还可以站在用人单位的角度来思考可能的考核内容。如果有条件，还可以提前熟悉一下考场环境，有利于消除应试时的紧张心理，同时还应了解考场注意事项，尽量按要求做。除携带必备的证件外，一些考试必备的考试证件和文具（钢笔、橡皮等）也要准备齐全。

3. 要掌握科学的答卷方法

拿到试卷后，首先应浏览一遍，了解题目的多少和难易程度，以便掌握答题的进度，合理安排答题时间；然后按照先易后难的原则安排答题顺序，审题要认真；不要被难题所困而耽误时间，最后要尽可能留出时间对易错的地方进行复查，注意不要漏题；答题时行距和字迹不要太小，卷面字迹要力求认真清晰。因为笔试不同于其他专业考试，有时招聘单位并不仅仅在意应试者考分的高低，认真的态度，细致的作风，新颖的观点也会大大增加被录用的可能性。

4.3.4 国家公务员录用考试

国家机关公务员考试包括笔试和面试两部分。其中笔试内容可以分为：行政职业能力倾向测试、综合知识、公文写作及新增加的心理素质测验 4 部分。

1. 行政职业能力倾向测试及应试技巧

行政职业能力倾向测试（Administrative Aptitude Test，AAT）主要是考查考生适应职位要求的一般素质与能力。职业能力倾向测试被广泛应用于各种领域的人才选拔配置活动中，它可以有效地测量人的某种潜能，从而预测人在一定职业领域中成功的可能性，或者筛除在该职业活动领域中没有成功可能的个体。

行政职业能力倾向测试具有涉及面广、数量多、答题时间紧的特点，这主要是由行政职业能力倾向测试的内容决定的。

行政职业能力测试的内容分为 5 大部分，即知觉速度与准确性测试、数量关系测试、资料分析测试、言语理解与表达测试、判断推理测试。

（1）知觉速度与准确性测试是测查应试者对事物的细微特征进行快速、准确地识别和判断能力的一种测试。知觉速度与准确性测试属于速度测试。

（2）数量关系测试主要测查应试者对数量关系的理解与计算能力的一种测验。数量关系测试所涉及的知识和所用材料基本上属于小学数学知识范围内。

（3）资料分析测试主要测查应试者对各种资料（主要是统计资料，包括图表和文字资料）进行准确理解、转换与综合分析能力的一种测验。

（4）言语理解与表达测试主要考查应试者对言语的理解与运用能力的一种测试形式，主要有选词填空、语句表达和阅读理解 3 种题型。

（5）判断推理测试主要是对应试者逻辑推理判断能力的一种测试形式，主要有事件排序、常识判断、图形推理和演绎推理 4 种题型。因此，这一部分在整个测试中占有重要位置。

解答此类试题时一般不需复习，但可以熟悉各种题型和答题技巧，进行一些强化训练。答题时注意时间的分配，在准确的基础上求速度，答不完全部题目是正常的，不必为难题困住而减少答题数量。认真审题，快速准确理解题意，找出关键点。对答案之间进行比较找出区别。事先掌握一些数学运算的技巧，注意文字知识的积累，加强统计图表方面基础知识的学习。

2. 公文写作及应试技巧

（1）公文概述。公文是国家机构与其他社会组织在公务活动中为行使职权、实施管理而制作的具有法定效用和规范体式的文件。公文的功能主要是贯彻党和国家方针、政策、发布行政法规和规章、实行行政措施、指示和答复问题、布置和商洽工作、报告情况、交流经验等。公文必须反映和处理公务，这是公文与私人文书的本质区别。

（2）公文的结构与格式。公文的结构指公文的组织构造，具有规范性和相对确定性。国家有关机关对公文的基本构成做出了规范性要求：基本组成部分为一切公文所具备，其他组成部分可视具体情况决定取舍。

公文的基本组成部分有：标题、正文、作者、日期、印章或签署、主题词。公文的其他组成部分有：文头、发文字号、签发人、保密等级、紧急程度、主送机关、附件及其标记、抄送机关、注释、印发说明等。

公文格式是组成公文的各部分文字符号在载体上排列的规定，它规范了载体的规格尺寸、载体区域划分、公文各组成部分排列次序与编排式样、文字符号的形体及尺寸等。具体要求可参见国家公务员录用考试公共科目综合知识部分。

（3）公文写作的基本要求。

① 符合党和国家的路线、方针、政策和法律、法规以及有关规定。

② 实事求是、讲求实效。

③ 主题明确、结构完整、格式规范。

④ 用语庄重严谨、简明通顺、平实得体。

（4）公文写作程序。

① 公文写作前的准备：明确行文的目的要求，确定主题，选择文种；调查研究收集材料，选择表达方式。

② 撰拟文稿：安排结构，拟写提纲；书写文稿。

③ 审核修改。

④ 定稿签发。

3. 综合知识

（1）考试范围。综合知识的考试范围包括：马克思主义哲学、建设有中国特色社会主义理论、社会主义市场经济理论与政策、法律、行政管理、中国国情与国策、公文处理与写作、行政职业能力倾向测试，如图4-6所示。

（2）考试目标。综合知识主要测试作为机关工作人员应具备的知识，考核应试者是否掌握工作中需要的时事政治、中国近现代史常识、自然科学常识及国家公务员制度知识等方面的知识及基本应用能力，综合知识考试具有知识性与应用性相结合的特点。

图4-6 国家公务员考试综合知识的考试范围

4. 心理素质测试

心理素质是一个人整体素质的重要组成部分，心理素质测试是国家公务员录用考试新开设的科目。国家公务员录用考试中的心理素质测试是根据招考职位的工作需要而设计的，它可以从人的个性、行为特征等方面，评价被测试者适应公务员职位工作要求的程度，它是选拔国家公务员不可或缺的内容。

思 考 题

下面的求职体验的设计是针对前面提到的内容的巩固，对照表格，检验一下自己是否能够做到。在你做到的地方画“○”。

1. 面试前的准备

面试前的准备		自我判断
大　类	具体的内容	
了解公司和行业	访问公司的网站，了解公司历史、文化、用人理念	
	在网络上搜集前辈的面试经验，了解面试的形式和内容	
	找到在公司或同行业工作的前辈	
	搜集行业发展报告等，了解行业发展趋势	
自己的准备	思考是否需要重新准备自我介绍	
	针对面试官可能提的问题准备好答案	
	准备好两个向面试官提的问题	
	一套干净、整洁的套装，皮鞋	
	面试前一天适量的运动	
	洗澡、理发，做好个人卫生	
	陌生的地方提前一天踩点	
	准备面试物品：两份简历、笔记本、钢笔	

2. 面试中的细节

面试中的细节		自我判断
大　类	具体的内容	
精神面貌	保持微笑	
	坚定有力地与面试官握手	
	抬头挺胸，坐姿沉稳	
	没有小动作	
	与同去面试的同学互相认识	
与面试官的沟通	保持与面试官的眼神沟通	
	引导面试官的思维	
	回答问题之前先揣摩面试官的意图	
	对每个问题有自己完整的思考路径	
	能够化解面试官设置的问题陷阱	
争取加分的项目	面试官对你提出的问题很满意	
	拿到了面试官的名片	
	礼貌地对待公司的所有人员	

3. 面试后的善后

面试后的善后		自我判断
大　　类	具体的内容	
感谢面试官	如果必要，给面试官发一封感谢信	
	继续保持与HR的联系	
总结经验教训	填写面试备忘录	
	针对面试的问题寻找提高的办法	
	每天努力一点点，改正缺点	
	与同学沟通交流面试的体验	
	及时调整心态，投入新的战斗	

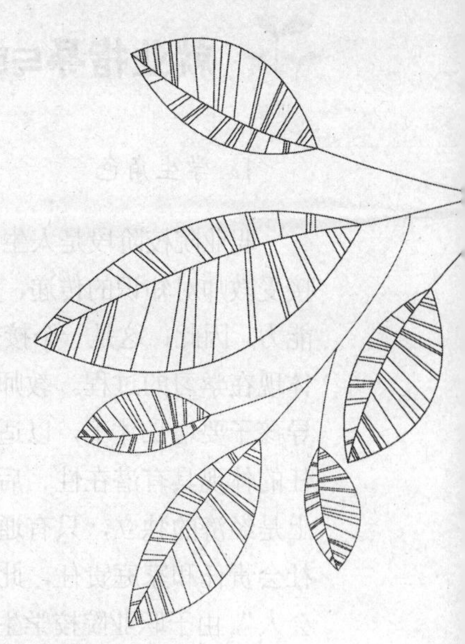

第5章　从学生到职业人的过渡

职业院校学生完成学业，选择了理想或较理想的职业或单位，开始步入社会，无疑是人生的一大转折，也是一种典型的社会角色转换。如何尽快适应这一转折，完成职业适应与发展，是摆在每一个职业院校学生面前的十分重要的现实问题。

5.1　角色转换与角色认知

作为一名职业院校学生，在经历了十几年的求学拼搏，即将告别校园、走向社会，在全新的社会舞台上展示才华，实现自己的人生理想和社会价值之际，无不踌躇满志。如何顺利地在新的环境中、在新的工作岗位上不断积极上进，干出一番事业；如何更充分地认识自我和积极适应职业环境，从而尽快完成从学生角色到职业角色的转换，建立和谐的人际关系，迈好人生发展的关键一步，是每个毕业生关注的焦点。

5.1.1　角色认知

职业院校毕业生从学校步入社会，从学生转变为社会职业人员，要完成学生角色向社会角色的转变。顺利完成转变，尽可能缩短转变过程的时间，是适应职业环境的关键。职业院校学生对学生角色的行为规范十分熟悉，但对社会职业人员的角色要求却比较陌生。两者相比有许多不同，而且后者的要求更高。不同之处主要表现在社会活动方式、社会责任、独立性要求等方面。因此，每一个即将就业的职业院校学生，必须对这种社会角色的转变有较清楚地了解和认识，以便在校期间就有针对性地做好准备。

1. 学生角色

职业院校阶段是人生中增长知识、发展智力、求学成才的关键阶段。社会活动方式主要是接受教师对知识的传递，努力学习以专业知识为主的多方面知识，培养以专业能力为主的各种能力。因此，这是一个接受教育、储备知识、培养能力的重要阶段。学生对社会的责任，通常体现在学习的过程。教师教育学生要以社会为己任，家长引导孩子要增长才干，以适应日后社会的竞争，但此时社会责任的体现具有潜在性、后续性。另外，人的独立性归根结底上是经济的独立，只有通过劳动取得了报酬，才可能承担起社会责任和家庭责任，此时的“人”才能称其为真正的“社会人”。由于职业院校学生以学习为主，经济上主要依靠家庭，始终处于被人扶助的环境之中，所以可以这样界定学生角色：在社会教育环境中依赖非自身劳动收入的资助，学习知识，培养能力，全面提高自身素质和完善自身的知识结构，努力使自己成长为社会合格的人才。

2. 职业角色

职业角色的个性表现非常具体，彼此差异明显，但是千差万别的职业角色却有其共性的特征：职业角色扮演者具有自己的社会职位和一定职权；相应的职业规范；一定的基础知识和业务能力；履行一定的义务；经济独立。社会对职业人员的要求是要运用知识和能力，向社会提供劳动、创造价值。职业人员的社会责任体现在工作对象中，工作质量的高低不再是个人范畴，其对社会产生的影响是直接的，因此要从社会的角度加以评判，并对社会责任有着更高的要求。由此，可以这样定义职业角色：在某一职位上，以特定的身份，依靠自身知识和能力并按照一定的规范具体地展开工作，在行使职权、履行义务为社会做出贡献的同时取得相应的报酬。

5.1.2 角色转换的意义

根据社会心理学的角色理论，大学毕业生从学生角色到职业角色的转变，必然伴随着角色冲突、角色学习和角色协调等一系列过程。因此，职业院校学生在毕业前夕，应该对择业素质、自我评价、职业能力等进行深入细致地了解和调查分析，对自身合理定位，找出不足，提高心理承受能力，加强角色认知，做好上岗前的各项准备，顺利地实现角色转变。

1. 有利于职业院校学生根据职业素质要求完善自身知识结构，确立择业目标

过去有些职业院校学生考入大学后，完成既定目标便忽略了职业目标设计与规划，丧失学习的主动性和目标性；还有相当一部分职业院校学生在临近择业时，一味地奔波于多家企业之间求职，寻求理想的就业单位，即注重择业的结果，而忽视平时的就业准备，即择业的基础。通过角色认知，有助于职业院校学生强化“学业是择业的基础和前提”的意

识，要想在就业竞争中获胜，就必须努力提高竞争的“实力”。因此，可以指导职业院校学生勤奋学习，全面提高自身综合素质，注重各种能力的培养和提高。如今，学校校园中所出现的“考驾照热”“计算机热”“辅修课热”“英语考级热”等，都是职业院校学生为适应角色转变、实现人生理想所做出的积极努力。

2. 有利于职业院校学生尽快适应职业生活

完成学业，走上工作岗位，依靠自身的职业劳动维持生存，实现人生价值，这是毕业生人生征途上的一个重大转折。在这个人生转折过程中，谁能够主动地、尽快地从学生角色进入职业角色，实现角色转变，谁就能够在事业之初掌握首先发展权。目前，在职业院校毕业生最后一年，毕业实习、就业实习、工作实习三者并重，毕业生要合理规划，争取在这一年就尽快进入职业适应期，提前完成角色转变。

3. 有利于职业院校学生在激烈的人才竞争中脱颖而出

21 世纪经济领域的竞争归根结底是科技的竞争、人才的竞争，谁拥有高科技和高级人才谁就将在激烈的竞争中立于不败之地。职业院校培养的高技能人才是用人单位争夺的焦点，但作为职业教育大众化阶段的毕业生人才面临着人才市场的竞争加剧、用人单位在选择职业院校毕业生时空间和自由度有非常大的压力，竞争是无情的，适者生存、优胜劣汰是不以人的意志为转移的客观规律。职业院校学生初次进入从业大军中必然面临着来自各方面的挑战和竞争，只有尽快进入职业角色，尽快熟悉业务，才能在激烈的人才竞争中稳操胜券，脱颖而出。

4. 可以为将来的成才和创业夯实基础

从学生角色到职业角色的转变，实质上是从继承知识和储备知识向创造性地运用知识和创造知识的转变过程。一个企业发展的关键在于技术创新，而人才的本质特征就是创造性或创新性。能否主动地、较快地、顺利地实现角色转变，通过创新性劳动最大限度地创造经济效益和社会效益，反映出毕业生的素质和能力的高低。以积极的态度，主动适应岗位需要，投身于职业实践之中，不断积累知识和经验，调整和完善自身的知识和能力结构，将会为自己将来成才和创业打下扎实的基础。

5.1.3 角色转变的原则

角色转变具有周期长、过程艰苦的特点，需要边学习、边适应、边调整，需要坚持不懈地努力，在角色转变的过程中需要注意以下几点原则。

1. 强化职业角色意识，培养职业兴趣

生活在社会中的人，都扮演着不同的社会角色，这个社会角色具体规范了个人行为。对于刚刚走上工作岗位的毕业生来说，强化角色意识，充分认识角色职责、任务与工作要求，及时、准确地进入职业角色，是一项最基本的要求。职业角色的责任，是以特定的身份去履行自己的职责，运用自己所掌握的知识、本领、技能去为社会服务，完成某项工作；

社会赋予职业角色的规范，提供的行为模式，因职业的不同而不同，从业者除了应遵守一般社会规范之外，还必须遵守角色职业道德规范；社会赋予职业角色的权利则是依法行使职权，积极工作，并在履行义务的同时取得相应的报酬。

爱岗敬业是学生角色向职业角色转变的基础。毕业生走上工作岗位之后，应当尽快地从学生学习生活的模式中解脱出来，不仅要认识学生角色与职业角色的差异，更重要的是应该遵守职业角色规范，正确行使职业的权力，忠实履行职业角色的义务，使自己的言行与职业角色的内在要求相适应，全身心地投入到工作岗位中去。如果患得患失、心不在焉，经过几个月甚至一年的适应还不能完成角色转变，将会直接影响到职业兴趣和工作业绩。“甘于吃苦”“甘于吃亏”是角色转变的重要条件，只有“甘于吃苦”，才能实事求是地分析和对待角色转变中遇到的种种困难，并自觉地加以克服；只有“甘于吃亏”，才能积累丰富的社会经验和营造和谐的人际关系，促进职业层次的发展。

2. 提高社会责任意识，强化职业素质

角色规范是社会赋予角色的行为模式，也是社会评价角色的尺度和标准。求学期间，社会对职业院校学生的评价主要看其学习是否勤奋，品行是否端正，成绩是否优良，而这些通常都被看作是个人的事。但是，大学毕业生走上工作岗位以后，其工作或服务的质量、效率、贡献等，不再被简单地看作是个人的事，而是从其承担的社会责任来加以评判。

例如，国家公务员应具备以下几个方面的职业素质。

（1）较高的思想政治素质。

（2）良好的职业道德修养，主要包括：全心全意为人民服务；实事求是，秉公执政；勤政廉洁，禁绝奢华；严以律己，宽以待人。

（3）较强的业务能力，主要包括：调查研究能力；政策和计划能力；综合协调能力；语言文字表达能力，精通公文的撰拟与办理规则。

（4）健康的身心素质。其服务态度的好差和业务能力的高低，不仅关系到个人仕途的发展，更关系到党和国家政策的贯彻和落实、关系到党的执政能力的整体提高。

因此，毕业生走上工作岗位以后，必须时刻意识到自己所从事的工作与社会发展的关系，明确自己对社会所承担的责任，按照职业角色规范的要求，不断提高自身的职业素质，加强自身的职业道德建设，努力履行自己应尽的社会义务。

3. 增强独立自主意识，勤于思考和研究

我国现行的教育体制决定了几乎全部的职业院校学生依赖家庭资助和家长关怀照顾、依靠学校的教育和管理及社会多方面的精心呵护完成学业，是在长期处于接受外界给予的方式下成长的，所以，缺乏自主意识和独立生活能力是职业院校学生普遍存在的问题。而毕业生成为职业工作人员之后，要把自己学习掌握的知识和能力，通过提供劳动或服务的方式回报社会，则需要提高自己的自主意识和创造能力。同时，从学生生活转入职业生涯以后，通过劳动获得了职业收入，经济上也具有自立的能力。毕业生从业后，社会竞争的压力、支撑家庭的压力、个人生存与发展的压力向其提出增强自主意识和自立能力的要求。因此，增强自主意识，提高自立能力、独立工作能力和创业能力，乃是毕业生实现角色转变的客观要求和重要条件。勤于观察思考，善于发现问题是角色转变的有力保障。毕业生进入职业角色，只有善于观察问题，才能发现问题；只有运用自身掌握的知识去努力解决问题，才能掌握大量的第一手资料；只有分析研究职业对象的内部规律，也才能培养自己的独立见解，逐步具备独立开展工作的能力，更好地承担角色责任。

4. 提高心理调适能力，跨越心理误区

职业院校学生在角色转变的过程中，往往会面临着新旧角色的冲突。有些人由于受到社会因素、家庭因素尤其是自身认知能力、人格心理发展意志品质以及情绪感等因素的影响，不能正确认识角色转变的实质，或者在角色转变过程中不能持之以恒，导致自己的心理与职业角色的社会地位、作用和要求不相适应，于是在从学生角色到职业角色的转变过程中出现以下心理困扰。

（1）依恋心理。一些毕业生在角色转变过程中容易出现依恋学生角色，出现怀旧心理。十多年的读书生涯，是职业院校学生对学生角色形成一种相对固定的习惯。因此，在职业生涯开始之初，许多人常常会自觉或者不自觉地把自己置身于学生角色中，在生活上依赖父母，学习上依赖老师，工作上依赖领导，行动上依赖书本，以学生角色的社会义务和社会规范来要求自己、对待工作，以学生角色的习惯方式来待人接物，以学生角色的思维方式来观察、分析事物和处理问题。

（2）畏惧心理。面对新环境，一些职业院校学生在刚走进新的工作环境时，不知道工作应该从何处着手，该如何处理复杂的人际关系，在工作中胆怯畏惧缩手缩脚，裹足不前，怕承担责任，怕艰苦，怕出事故，怕闹笑话，怕造成不良的影响，于是“作茧自缚”“画地为牢”，缺乏年轻人的闯劲和活力。

职业院校学生群体中，每个学生都既是年轻群体中的佼佼者，又是非常普通的社会一员，大家彼此平等相待，相互认同，没有管理者和被管理者之分，更没有领导意义上的上下级之分。一旦走出校园，走入社会，面临的将是“资历丰厚、等级森严”的群体和对新环境的陌生，这就形成了一种心理上的紧缩感，往往不知所措，而一些性格内向的人又会产生自卑感。

（3）自傲心理。职业院校毕业生接受比较正规的职业教育，只能算是拥有先进知识的人，还算不上人才，只有运用知识、创造知识，将其转化为生产力，这时的毕业生才能算是比较高层次的人才了。但有些毕业生却因仅拥有先进知识就看不起基层工作和基层工作人员，觉得有失身份和尊严，结果是大事做不来，小事又不做，甚至目空一切，以为自己最正确，用批判的眼光看待社会、单位和周围的一切，把自己游离于单位或群体之外。

一些人在角色转变的过程中受社会的影响，表现出不踏实的浮躁作风、不稳定的情绪情感和盲目的攀比心理，缺乏对工作性质、职责任务和工作技艺的深刻认识和理解；或缺乏韧劲和毅力，对交给的本职工作不能坚持和深入；或不安心本职，见异思迁，这山望那山高等。近年来，毕业生要求改派的人数增多，其中一些人在很短时间内就离职或就职很长时间后还不能稳定情绪，一味埋怨单位不给自己提供充分的发展空间或优厚的待遇，不讲奉献

只讲索取。事实上，如果不能静下心来踏踏实实地学习，适应工作，不管什么样的单位都不适合。

（4）失衡心理。一些人往往过于争强好胜，缺乏承受挫折的能力，或产生嫉妒情绪，见别人干得好，不是见贤思齐，向其学习，而是冷嘲热讽，诋毁别人；或产生失望情绪，用悲观、灰暗的眼光看待世界和人生，遇到不顺心的事就唉声叹气，情绪低落，甚至悲观绝望。

上述这些心理问题，如果得不到正确有效的调适和矫正，就会严重阻碍毕业生的角色转变，直接影响毕业生个人的成长和工作。因此，注意调整、控制、改善自身的心理卫生状况，乃是毕业生实现角色转变的一种有效办法。

5.1.4 角色转变的两个阶段

职业院校毕业生从学生角色到职业角色的转换过程大致可分为毕业前夕和试用期两个阶段，每个阶段有不同的要求和任务，伴随着不同的角色冲突。不过，可以通过角色协调使得角色冲突尽可能地降至最低限度。协调新旧角色冲突的有效方法是角色学习，即通过观念培训，以提高角色扮演能力，使角色得以成功转换。

1. 毕业前夕的角色转变

根据国家教育部规定，从每年 11 月 20 日开始，用人单位就可以进入职业院校开始应届毕业生招聘活动，一直到第二年 7 月毕业生离校，前后共有半年多的时间毕业生可以用来做好择业前准备、应聘、面试、笔试、工作实习等工作。因此，从开始择业到毕业离校这段时间，是有针对性地学习知识、培养能力进而转换角色的最佳时期，是毕业生转换角色的重要阶段。在这段时间内，除了按照学校正常教学计划完成课程的学习、实习实践和毕业论文外，要提前做好角色转变的准备工作。

（1）通过成功择业了解职业角色的内涵。毕业生积极做好择业基础准备、系统接受就业指导、全面了解社会需求、合理确定自我职业定位、勇于参与市场竞争，通过与用人单位“双向选择”的过程，可以加强对用人单位的了解，进而通过签订就业协议书来确定自己的角色。毕业生在与用人单位接触的过程中，能够比较全面地了解到用人单位的基本情况，结合自身的综合情况，不断调整职业期望值，实事求是地确定自己未来的职业。这是从学生角色向职业角色转变的第一步，这为职业院校学生的职业角色确定了一个基调，对角色的转换将产生深远的影响。

（2）通过实习预先进入职业角色。在职业院校学生毕业前最后一年，根据学校的教学、实践安排，毕业实习、就业实习、工作实习三者并重，已成功择业的毕业生要主动地将毕业实习、就业实习融入到工作实习中，提前进入职业角色，有效促进角色转变的进程。在这期间，应进行如下学习和训练。

调整、完善职业知识和能力结构。学习与未来工作岗位有密切联系的专业知识和专业技能，同时，通过学习和训练，还可以加深对未来职业岗位的认同，培养职业兴趣。

进行非智力因素技能训练。职业院校毕业生智力上的相差并不太大，而非智力方面的技能却是影响毕业生择业、就业和创业的重要因素。培养踏实、谦虚的情绪，诚恳而不谦卑，自尊而不自傲，不急不躁；提高自信心，敢于表现自己，主要是书面表达能力和口头表达能力的提高；锻炼意志力，知难而进，迎难而上，不懈地努力；提高观察力和思考力，只有善于观察才能发现问题，才能真正掌握职业对象的内部规律，只有勤于思考才能在工作中有自己的见解，才能使自己的职业技能得到训练，也才能逐步具备独立开展工作的能力，更好地承担职业角色。

提高心理调适能力，积极应对逆境。精湛的职业技能对职业成功固然重要，充分的心理准备更是不可缺少的，特别是要有“受挫”的心理准备。一般来说，职业院校毕业生并非都能大展宏图、立功创业，即使在工作中也不会总是一帆风顺的，如果心理准备不足，就会产生过激情绪，导致能力低下，走入事业低谷。因此，在校期间要提前调整心态，积极参加就业指导和心理辅导，充分做好心理上的“受挫准备”。

2. 试用期内的角色转变

职业院校学生参加工作后马上进入试用期，之后转为劳动合同期，有人形象地将试用期称为“磨合期”。初到工作岗位，生活和学习环境与学校相比，都有很大的区别。职业院校里学习和生活条件比较优越，空闲时间和自由支配时间比较多，节奏也比较缓和，压力较小；而每一个职业岗位都有具体的岗位规范和要求，每一个从业者要强制性接受，并按照其要求严格履行岗位职责，实现具体的工作目标，节奏快、压力大，有些工作岗位环境还相当艰苦。从学校学习环境到职业环境的变化，往往会加剧角色冲突，为此，职业院校毕业生应该加强试用期内的角色学习，使角色转变顺利实现。

职业院校学生要在较短的时间完成角色转变，获得同事的认同和领导的肯定，应当注意以下几个方面。

（1）要树立良好的第一印象。仪表是职业形象的基本外在特征，端庄的仪表会给人良好的第一印象。初到工作单位，要注意穿着打扮，衣服不一定讲究高档、时髦，追求名牌，但要符合自己的经济状况和现实身份。发型要定期修理，注意个人卫生，始终保持积极向上的良好印象。在随后的职业生活中，可以参考职业的要求不断修正自己的外在形象。

（2）要注意知识的转化。拥有知识并不意味着拥有一切，可以至高无上。职业院校毕业生一定要谦虚、随和，在尊重同事、尊重经验的同时，适时适度地展现自己的知识。例如，可以利用工作上的协作机会，谦虚诚恳地提出自己的见解，共同商讨，共同解决问题；也可以利用人际交往机会，适度地展现自我，让同事了解你的为人和性格，缩短人际交往的距离，建立和谐的人际关系，创造良好的成才氛围。

（3）要强化工作责任意识。职业院校毕业生踌躇满志，志谋大业，但工作之初，一般不会被委以重任，而是先从基层干起、从底层干起，从小事做起，这符合人才成长的基本规律。因此，不管工作的轻重，分工的高低，职业院校学生都要以满腔的热情、高度的事业心和责任感认真对待，在平凡的工作中积累和锻炼丰富的经验和随机应变的能力。职业院校毕业生不要片面认为自己被大材小用，对一些工作不愿意干，甚至开始闹情绪。其实，这是缺乏责任意识的表现。

（4）要养成实事求是的工作作风。职业院校毕业生对待工作的态度是认真谨慎的，但在很多时候，工作中还是难免出现失误。工作失误并不可怕，可怕的是不能正确地认识失误，不能实事求是地去承认错误。如果工作中一旦出现失误，就要认真地分析原因，总结经验教训，找准失误点；同时要敢于向领导和同事承认，开展批评与自我批评，并勇于承担责任，以获得领导和同事的理解；另外，要虚心学习、请教、总结经验教训，防止避免类似失误再次发生。

（5）要重视岗前培训。岗前培训对于刚刚走上工作岗位职业院校学生的角色转变是非常重要和必要的。它不仅仅是让新员工了解单位的基本情况，熟悉规章制度和工作程序，更重要的是通过岗前培训来树立集体主义观念，培养人际协调能力和奉献精神。从某种意义上讲，岗前培训可以直接反映出新员工素质的高低，因此单位都非常重视，并依此择优录用，分配岗位。毕业生一定要以认真的态度把握好这样一次充实自己、表现自己和提升自己的良机。事实证明，很多毕业生就是因为在岗前培训期间显露才华、表现出色而被委以重任。

5.2 适应职业生活，建立和谐人际关系

职业院校毕业生走上社会，首先要面对如何适应职业生活，按照“人岗适配”的原则，在竞争中求生存、求发展，最大限度实现个人价值，并为社会作出贡献，因此，认识职业适应的规律，掌握职业适应的基本要求，主动地、尽快地适应职业生活，对毕业生的成才和发展具有十分重要的意义。

5.2.1 职业适应及其规律

很多毕业生刚刚走上工作岗位时，不知道该怎么做事，不知道除了知识还应该学些什么。掌握职业适应及其规律，能使毕业生尽快摆脱不知所措的状态。

1．职业适应

职业适应是指个体在职业认知和职业实践的基础上，不断调整和改善自己的观念、态度、习惯、行为和智能结构等，以适应职业实践的发展和变化。适应的实质，就是个体由自然人向社会人的转化。职业院校毕业生告别学生时代，从走进职业生涯到适应职业生活，要经过对职业实践、职业规范、职业环境、职业文化等的观察、认知、领悟、模仿、认同、内化等一系列的学习和实践过程，才能达到对职业的能动的适应。初入职业行列的毕业生，由于对职业角色的认知和理解不深，很容易发生角色偏差或角色错位。因此，学习职业角色的权利和义务，掌握职业角色规范，遵守职业角色的行为模式，增强对职业角色的认同感和归属感是非常必要的。

2．职业适应的规律

毕业生在就业初期，能否适应职业环境，尽快融入企业文化，将直接影响工作业绩和事业优先发展权。因此，掌握适应期的一般规律，有助于顺利开展工作，有助于个人的成长和成才，实现自己的理想。实践表明，毕业生只要主动地探索、遵循这些规律，是完全能够顺利渡过就业适应期的。

职业适应从内容上讲，主要包括如下几个方面的适应。

（1）“角色”适应。“角色”适应就是对工作岗位的主动适应，即对职业的地位、性质、职责的适应，最大创造“人岗适配”的经济效益和社会效益。由于职业院校学生毕业后随即走上工作岗位，学生角色向社会角色的改变也顺应而变，由此不少职业院校毕业生在就业初期，便碰到“角色”适应这个问题。有的人不能及时地转变思想观念和行为习惯，不能及时地调整自己的奋斗目标和人生期望值，不能用职业的行为规范要求自己，不会运用所掌握的知识和才能来完成岗位效益，因而就不能很好地履行岗位职责，难以适应职业的规范要求。

（2）心理适应。心理适应是指毕业生的大脑对职业的各种信息引起的各种心理过程，如感觉、知觉、情绪、情感、意志、性格等都有一个适应过程。其中，情感上的适应更为重要。情感是人对外界事物的心理反应。生活环境和生存环境的变化，也促使毕业生必须调节自己的情感与之相适应，要对从事的岗位保持一种稳定的工作热情和适度的期望值。部分毕业生在就业初期，都不同程度地存在依赖、从众、恋旧、畏惧、攀比、浮躁、空虚、迷惘、苦闷、自卑等不良心理。此时，如果不及时调整和矫正这些不良心理，必然影响工作以及个人的成才和发展。

（3）生理适应。生理适应是指毕业生对工作时间和节奏、劳动强度和紧张程度的适应，其中包括身体各种感觉器官与运动器官的适应过程。环境的变化，主要表现为“时空”概念和生活方式、工作方式的变化。不同职业的工作节奏、劳动强度和工作压力是不一样的，例如，外科主治医师长时间在手术台边工作，对身体素质要求非常高；中小学教师工作节奏快，作息时间严格，劳动强度大，生活紧张等。在从业初期，毕业生打破原有的长期的生活习惯，养成一种紧张、有序、时效的工作和生活习惯，难免出现身体疲倦、头昏脑胀、心力交瘁的感觉，这种不适应是常有的。但是，随着时间的推移，并且注意科学运筹时间，注意劳逸结合，适当加强身体锻炼，讲究工作、生活规律，生理上的“不适应”会很快消失。

（4）群体适应。群体适应是指毕业生在新的协作集体中的适应过程。社会群体是人们通过一定的社会关系结合起来进行共同活动的集体。职业院校学生本身也构成一定形式的“社会群体”，它是以同学关系建立起来的。这个群体呈现出相对的单一性和不稳定性。毕业生到职业岗位后，加入新的“社会群体”，人员对象和人际关系发生了新的变化。以往身为学生，交往对象主要是同学与老师。工作后，交往对象扩展到有各种经历、各种年龄、各种层次的人，同领导和同事的交往与在大学阶段的交往不同，这就需要毕业生注意协调好各种人际关系，以适应新群体的要求。

（5）智能适应。智能适应是指毕业生根据职业岗位所要求的知识和能力结构，来调整改善自身的知识和能力结构，使之适应职业岗位要求的过程。智能一般分为以下9种类型：事实的智能；解析的智能；语文的智能；空间的智能；艺术的智能；应用的智能；身体的智能；预感的智能；交际的智能。职业院校学生在校期间所构建的知识结构和能力结构，能否与职业岗位相适应，必须经过实践的检验。同时，毕业生要把自己的知识和能力转化为生产力，还需要经过主观的努力。更重要的是，在知识经济时代，知识更新的速度越来越快，职业实践的发展和变化更加迫切地要求毕业生不断地调整、改善自己的知识结构和能力结构，以不断适应科技发展和职业实践发展的需要。

3. 职业适应的3个阶段

职业适应从时间上讲，一般经历以下3个阶段。

（1）陌生阶段，或不适应阶段。

（2）思考调整阶段，即边工作边思考一些问题，边调整自己的思想、心态、知识与能力结构，摸索适应职业生活的方法；

（3）协调与适应阶段，即对职业岗位基本适应的阶段。职业院校毕业生走上工作岗位以后，应努力缩短前两个阶段，尽快进入第3阶段。

当然，职业适应只能是相对的，而不是绝对的。因为，科学技术是不断发展的，职业实践也是不断发展的，旧的问题解决了，新的问题又会涌现，因此，人们对职业生活就有一个不断适应的过程，即：调整、适应、再调整、再适应，如此循环往复以至无穷，这就是职业适应的一般规律。

5.2.2 职业适应的基本要求

从业之初，从相对简单的学生角色转变为复杂的社会职业角色，理想与现实之间的差距比较大，面临一些困难和挑战，产生一些矛盾和不适应，这原本是在情理之中的，也是正常的。但是，要完成从学生角色到职业角色的转换，就要充分认识和认真对待这些矛盾和冲突。只要大胆面对现实，立足岗位，树立新的意识；顽强应对困难，努力学习，不断提高和完善自我；准确把握机会，适时调整方向，就一定能够顺利实现角色的适应。

1. 面对现实，正确认识自我，合理定位

职业院校毕业生走上社会，成为一个社会的真正从业者，开始职业生涯的探索。随之而来的是要面对全新的生活理念，陌生的工作环境，更高的规范要求，如果不能在尽量短的时间内正视现实并正确认识自我，将这些客观因素转化成自身文化素养，及时完成人的社会化过程，就很难被新环境、新群体所认同、所吸纳。当然，需要注意的是既不要陷于畏缩和自卑的误区，也不要陷于自负或自傲的误区。职业院校学生在校期间积累了一定的理论知识，但大部分来自于书本，普遍缺乏实践锻炼，刚开始工作不能熟练技术和业务是正常现象，没有必要对自己的弱点进行掩饰，相反应当打破职业院校学生是“天之骄子”造成的心理压力，放下思想包袱，面对现实，重新定位，敢于实践，善于请教，才能把理论知识和实际工作有机地结合起来，最终赢得领导和同事的认可。

2. 主动了解岗位环境，敬业爱岗，安心工作

对新单位的了解，包括对单位的历史、现状及有关的政策、规章制度、人事制度等的了解。对“公司章程”“工作纪律”“服务规则”“奖励办法”等一系列规章制度的了解也是进入新单位的非常重要的一个步骤。对单位的各项规章制度的了解清楚与否，直接影响你今后

的工作。由此，你就会弄清楚什么是应该做的，什么是不应该做的，什么是必须遵守的。

熟悉你的工作。首先，你需要了解你的工作内容。其次，了解单位将怎样评价你的工作，对员工的工作进行评价的标准有两种，正式的和非正式的。正式标准一般是可衡量的，它的形式如产量或生产率、销售量的增加以及利润等，往往数量目标和质量目标并重；非正式标准较难描述，它全由上司来决定。典型的例子有：穿着方式；你对工作是否感兴趣；你与工作群体是否能打成一片等。

作为一个新手，要想尽快适应工作的要求，除了要有投身实践的信心和勇气之外，还必须充分了解和熟悉工作环境、工作对象的特点和规律，并主动地收集本专业的传统和现状、本单位的历史沿革和发展前景等相关信息，从而对所从事的工作有较全面的认识和把握。安心本职工作是敬业爱岗的前提，如果工作不能静下心来，“这山望着那山高”“身在曹营心在汉”，就根本无法掌握基本工作技能，这对个人的发展是不利的，对社会也是不负责的。

3. 勤奋学习，虚心求教，提高工作能力

勤奋学习，虚心求教，提高工作能力是角色转变的重要手段。勤奋和虚心是每个成功人士的必由之路，工作中的懒惰和傲慢为领导和同事所不齿，勤奋和虚心则备受赞扬。职业院校毕业生已经具备了获得职业技能的基础条件，即比较扎实的基础知识和专业知识。但是社会角色的适应过程是一个自我不断学习、不断完善的循序渐进的过程。初到工作岗位，自身的知识量不一定足够大，知识结构不一定合理。因此，职业院校学生要根据职业的特点、性质、工作程序及其相互关系，不断学习新知识，增强自身素质和能力，提高工作技能和业务水平。同时，随着科学的发展和技术的进步，新的知识和技能不断出现，很多知识和能力需要在工作实践中去学习、锻炼和提高。虚心向有经验的技术人员、领导、师傅和同事学习，学习他们观察问题、分析问题和解决问题的方法，不断丰富自己的专业知识，提高自己的专业技能，在工作中才会有自己独特的见解，才能逐步具备独立开展工作的能力；反之，放不下架子、自以为是的人，是很难学到真本领的。

4. 勇挑工作重担，善于团结协作，乐于无私奉献

勇挑重担，善于协作，乐于无私奉献是完成角色转变的重要标志。职业院校毕业生走上工作岗位以后，应当从一开始就严格要求自己，树立高度的主人翁的意识，增强社会责任感，培养无私奉献的精神，任劳任怨，不计较个人的得失，努力承担岗位责任，主动适应工作环境，

促使自己更好、更快地完成角色转变。若是党、团员，更要自觉用党、团员标准严格要求自己，增强组织观念，在工作中勇挑重担，发挥模范带头作用。同时，人是社会的人，社会的发展与进步离不开人们的密切协作。实践证明，在人的社会联系高度密切的今天，一项大型工程的开展，一项科研项目的完成，一个生产过程的组织与管理，单靠某个人的力量显然是不够的，必须十几个、几十个甚至成百上千个人的共同劳动，互相配合，互相协作才能完成。这就要求每一个成员都要有互相协作的团队意识，从整体利益出发，个人利益服从集体，顾全大局。

5. 准确把握自己，慎重再择业

对社会职业的选择，职业院校学生要根据自己的专业、特长、兴趣等，寻找适合自己的工作，以免走不必要的弯路。但是，因为自身能力、机遇，或者工作单位等方面的变化，一些毕业生就业后需要重新选择职业。这要求毕业生准确把握自己，具体情况具体分析。一方面，要珍惜第一次职业的选择，认真地、实事求是地分析自己对职业不满意的原因。如果因为自己的眼光太高，那么就应当自觉地调整自己，热爱自己的职业，从点滴做起，踏踏实实地工作；如果因为自己能力不够，那么就虚心学习，不断提高自己的素质，单单抱怨单位是没有道理的；另一方面，如果确实因为客观的原因，经过自己的努力和调整仍难以适应现有的社会职业，可以谨慎地调整自己，重新选择职业。

从另一方面讲，随着人力资源市场的丰富和人才市场的快速发展，人才的流动是个人发展的要求，也是社会发展的需要。职业流动不仅得到职业院校学生们的认同和支持，而且现代社会的发展，正在加快社会的发展，正在加快社会职业的流动。这些变化，打破了“从一而终”的就业观念，代之以职业流动和“适时跳槽”等观念的确立。因此，职业院校学生既要干一行爱一行，也要准确地把握机遇，谨慎地调整自己的岗位，以更好地发挥自己的聪明才智。

5.2.3 建立和谐的人际关系

人在社会活动的一切领域都不可避免地会发生个体之间的相互作用和联系，这种在社会活动过程中所形成的建立在个人情感基础上的相互联系就是人际关系。事实上，人际关系渗透到了所有的社会关系中，人际关系是无处不在，它对于人的各个方面的发展都具有重要的意义。

1. 建立和谐的人际关系的作用及意义

人际关系通常有 3 个特点：个体性、直接性、情感性。

（1）个体性。即人际关系表现在具体个人的互动过程中，其主要表现为对方是不是自己愿意接近的对象，或者自己是不是对方喜欢的目标。

（2）直接性。人际关系是在人们面对面交往过程中形成的。人们对这种直接性的人际关系是可以切切实实地感受到的。心灵上的距离越近，就会感到心情舒畅、愉快；反之，就会感到抑郁和孤独。

（3）情感性。人际关系的基础是人们彼此之间的情感活动，感情色彩是人际关系最主要的特点。概括地讲，人际间的情感倾向有两类：即互相吸引和接近的情感与互相反对和排斥的情感，与此相对应的就是和谐的人际关系与不和谐的人际关系。在和谐的人际关系中，个体总是特别希望与对方合作或者结合；而在不和谐的人际关系中，对方往往是个不能被接受、难以容忍的对象。

刚走上工作岗位的职业院校毕业生在谈到工作体会时，最多的话题就是如何正确处理人际交往中的关系，建立和谐的人际关系；制约和促进个人成长成才的关键因素之一也是正确处理人际关系的能力如何。要知道，学校里同学之间、同学与老师之间是一种极易友好相处的、近乎不涉及利益竞争的关系，而职业岗位上由于职业规范要求、业务特点，要跟很多人发生各种各样的关系，尤其是与同事之间、领导之间、客户之间的交往频繁，不可避免地存在着行业竞争、利益竞争、权力竞争等，很多方面的因素而使得人际关系变得比较难处却又十分重要。市场经济是一把“双刃剑”，为社会带来正效应时也带来了一些虚假的、丑陋的、罪恶的负效应，职业院校毕业生要纠正自己的一些不合实际的观念，同时要对负效应进行理性认知，进行抵制和批判。学会处理好人际关系是积极适应社会、提高团结精神和合作意识、为自己创造良好的外部工作环境的必需。建立和谐的人际关系可以使人工作顺心，提高效率；使人生活愉快，心理健康；可以增进团结，有利于集体，有利于事业发展。因此，良好、和谐的人际关系对于职业院校学生的职业发展和自身发展都有非常重要的意义。

2. 如何建立和谐的人际关系

科学发展观强调“以人为本”，而社会又是人的社会，因此建造和谐社会的主题之一就是人的和谐发展，而人的和谐发展离不开和谐的人际关系。社会的发展与时代进步，促使人们的交流进一步扩大，联系进一步密切，社会召唤着人与人之间的相容与合作，这为建立和谐的人际关系提供了一个良好的社会氛围。职业院校毕业生初到工作岗位，就要充分利用这些有利条件，以自身的努力处理好与同事之间的合作关系、与领导之间的上下级关系、与客户之间的业务关系。

建立和谐的人际关系既要遵循一般人际关系的原则，也要看到不同企业、组织文化在人际关系上所体现的不同特点，要主动地适应环境，而不是让环境来适应自己。职业院校毕业生处理人际关系要摒弃两种片面的观念：一是“唯人际关系论”，把人际关系看作是决定人行为本质的东西，从而脱离了自身生活学习的环境，脱离了生产关系和社会关系，抽象地、绝对地研究人际关系，甚至将“和谐的人际关系”作为自身发展的唯一筹码；二是“无人际关系论”，忽视人际关系的地位和作用，认为搞人际关系是社会上的不良风气，是当领导、搞管理的人才需要，自己是和工作、和技术打交道，只要干好本职工作就行了，别人爱怎么着就怎么着。这两种观念都是不可取的。

那么职业院校毕业生如何加强人际交往，建立和谐的人际关系？建立和谐的人际关系应遵循如下几项原则。

① 主动原则。打破自我封闭，主动与别人交往。展示真实的自我，促进相互了解，在工作中主动、热情与同事交往，让别人产生亲近感。

② 尊重原则。一要自尊，二要尊重本单位领导、同事、下级以及工作交往中任何人。尊重别人的人格，听取意见要真诚、谈话交流有礼貌、意见分歧要有涵养。

③ 谦虚原则。谦虚谨慎、戒骄戒躁是做人的原则，狂妄自大、目中无人、夸夸其谈最容易引起别人的反感。即使你水平的确比别人高，也要保持谦虚的态度。

④ 协作原则。强调全局观念，强化团队意识，融入集体，在工作中服从领导、团结同事，相互协调、密切合作。

⑤ 宽容原则。襟怀坦荡，不嫉妒别人，“容人不如己，容人高于己”，既保持上进心，又保持平衡心。对别人的成绩、升迁要真心赞扬，认真学习。

⑥ 自我批评原则。受到批评时勇于承认自己的错误、敢于承担责任，诚恳接受批评，总结教训、及时改正。

根据上述原则，职业院校毕业生建立和谐人际关系需要从以下几个方面做起。

（1）端正工作态度，提高自身业务素质，扎扎实实做好本职工作。“态度决定一切”，与你的经验、才智相比，恐怕最先让与你共事的人对你产生好或坏的印象是你的工作态度。你是否热爱你的本职工作，你是否对你的工作认真，你是否兢兢业业，你是否吃苦耐劳，是别人观察你的焦点。劳动是人谋生的第一手段，你的工作态度如何将决定你的人生态度。因此一个不热爱本职工作的人，也绝不会给别人留下好感。“热情优于智慧”，许多企业招聘时优先录用那些热爱工作的人，因此刚刚走上工作岗位的职业院校学生，首先应当爱岗敬业，努力钻研业务知识，提高自己的业务能力，以求尽快地适应工作环境，认清工作性质，熟悉工作程序，做出工作成绩。这是赢得同事赞誉和领导信任的基本条件，也是建立和谐的人际关系的基本前提。毕业生还需要注意的是，在职业岗位上要谦虚扎实，不要自以为文化水平高，学历高，看不起别人，放不下架子，不从基层学起，不向实践学习，结果学不致用，践不力行，反而被别人看不起。这样相互轻视，互不相容就必然导致人际关系的紧张与不和谐。

（2）加强职业道德建设，提高职业素养，塑造良好的人格魅力。职业院校毕业生走上社会后，在职业活动中，要在校期间接受良好的“师德”熏陶和系统的思想品德教育的基础上，认真结合岗位的职业道德原则和规范，进行自我锻炼和自我改造，以达到良好的道德品质和境界。其目的在于使职业院校毕业生结合自己的职业特点，把职业道德的基本原则与规范，自觉地转化为个人内心的要求和坚定的信念，逐步养成良好的职业行为习惯，提高自身的职业素养，成为具有高尚职业道德的受社会欢迎的职业工作者。由此可见，具有良好的职业素养和良好的人格魅力是建立和谐人际关系的催化剂。职业院校毕业生需要从以下几个方面注意提高自身的职业素养和人格魅力。

① 诚实守信。诚实守信是做人的基本准则，“人而无信，不知其可”，要做到言行一致，说到做到，不欺诈、不虚假，说话办事实事求是，遵守诺言，讲求信用。对领导和同事要讲求忠诚；对客户信守契约，反对欺诈。这样即使在交往中发生一些误会和矛盾，也会相互谅解。

② 谦虚谨慎、尊重他人。初到一个新环境，从零开始，其中所有的人都应当是你的老师，不管其职务尊卑、收入多少、年龄大小和文化高低，要尊重他们的人格和情感，尊重他们的劳动，虚心请教，才能赢得他人的尊重。这样也容易建立和谐的人际关系。

③ 平等待人、不卑不亢。不要以貌取人、以己待人，把同事分成三六九等；不要领导至上、群众至下；不要有用近交、无用远交。这些是极其有害的。

④ 乐于助人而不损人利己。一个人每前进一步，都离不开别人的帮助和支持。在同事有困难时应当热情相助，而不能袖手旁观，更不能幸灾乐祸、损人利己。患难见真情，只有热情帮助他人的人才会得到别人的帮助，才会赢得别人的认可和赞扬。

⑤ 宽以待人，严以律己。对人宽容大度，多一些理解和谅解，而不斤斤计较。例如，在工作中出现失误或者过错时，要勇于剖析自己，主动承担责任；当同事做错了事或者造成损失时，要善意地指出，热情地帮助。只要坚持以严格的规范要求自己，以宽厚的态度对待别人，就能营造一种和谐的人际关系氛围。

（3）积极主动建立新的社交圈子，心胸宽阔，与人和谐相处。一些职业院校毕业生从校园跨入工作单位后，往往有一个阶段的孤独感时期，昔日好友各奔东西，原有人际圈被打破，面对陌生环境，出现第二次心理断乳期，他们在寻找一种新的归宿感。环境对一个新来者或多或少地存在排斥感，尤其单位里的老同事。如果新来者不积极主动接触老同事，一段时期内很难融入新环境。性格开朗者会很快再调整适应新环境，而性格内向者就需要大胆突破性格束缚，先攻为上，主动向他们伸出友谊之手，主动向他们表示你的友好态度。记住，人际关系专家提出忠告："采取'别人都是喜欢我的'这一基本态度，其效果将会发现事实真是这样。采取'别人都想和我做朋友'这一基本态度，经验也会验证这个想法是对的"。人们之间的喜欢经常表现出相互的特性，即人们喜欢的往往是那些喜欢自己的人。因此，要想让别人喜欢你，首先你要喜欢别人。

（4）尊重上级，服从安排。据有关专家分析，一位下级是否有良好的工作环境，是否有不断提升的机会，是否有健康的心理，乃至是否成才，都同与上级相处得如何有密切关系。人们常说"世有伯乐，然后有千里马。"千里马尚需经伯乐发现，在现实生活中一位下属要在工作中取得成绩，不断进步，除了自身的不断努力外，就必须得到上级的关心和支持。因而处理好与上级的关系，是非常重要的。首先你要了解你的领导，了解他的工作作风、习惯、爱好等，如果你的工作作风与领导不一致时，必须修正自己，以适应上级的工作作风与习惯，你不可能让上级适应你的工作作风与习惯；其次要尊重你的上级，对领导的尊重以及在此基础上的服从，是一个下级应遵守的行为准则，也是建立良好的上下级关系的前提条件，没有哪一位上级喜欢一个目无尊长、不服从命令的下级。

作为下级的职业院校毕业生，要与领导建立一种和谐的关系，就要尊重领导，自觉服从工作的安排，力争圆满完成领导交办的任务。对于确实难以完成的任务，或者领导的不足，要维护领导的威信，不要当众拒绝领导的安排，而要事后向领导单独解释。这样就会得到领导的肯定，处理好与领导的关系。

不过，与你的上级相处，这本是双向的，不是单向的，不是凭你一个人的主观愿望就能解决得了的问题。你的努力是一方面，上级接不接纳又是另一方面。在与上级关系中，应该说你是处于被动地位，也许经过许多努力你仍然无法与上级建立一种和谐的人际关系，你不必沮丧，记住这个建议"假如上级对你不满，而且无法得到谅解，最好申请调离，没有必要呆在对自己有百害而无一利的是非之地中"。

5.2.4 积极促进职业发展

职业院校毕业生走上社会，开始职业生活，在完成自身的角色转变、逐步适应职业规范和要求、对自己的职业生涯进行科学规划之后，踌躇满志地准备在工作中干出一番成就，实现个人的人生价值，在实际工作中需要注意以下几个方面的问题。

1. 树立终生学习观念

随着社会的快速发展，产业结构的调整和知识更新速度加快，职业变化也日新月异：旧的职业岗位逐渐消失、新的职业岗位不断产生；现有职业对从业者要求的不断提高等。职业院校毕业生要想不被职业淘汰，就必须树立终生教育的观念，在工作中不断地学习，接受继续教育，吸收新知识，掌握新技术，保持和增强自身的优势，努力适应社会发展的需要。同时，职业院校学生们已经意识到，大学教育固然重要，但它仅是终身教育的一个阶段，职业院校毕业生以后的延伸教育和重新学习，对于选择和重新选择职业岗位，取得职业成就，具有非常重要的作用。

2. 保持高度的工作热情

爱默生说：“有史以来，没有任何一件伟大的事业不是因为热忱而成功的”，松下幸之助认为：“热情优于智慧”，保持高度的工作热情，全身心地投入到岗位工作中是职业院校毕业生事业成功的基础。做到这一点，既要有情感的投入，也要有信念的强力支持，还得有艺术技巧。

①在价值观上，要视劳动是人谋生的手段、职业是实现人生理想的手段。

②不断调整工作心态和心境，爱岗敬业，学有所长、干有所专；将压力变为自己在工作中不断进取的动力。

③勤于学习、善于思考，深入挖掘工作潜能，保持对工作创新的热情。

④在工作中学会扬长避短，不能因为工作中出现困难而止步不前。

3. 学会科学有效地工作

每个人的工作都有很多内容，要使工作有条不紊，就必须学会科学工作。

①有计划性。要按照轻重缓急做周密的安排，制定自己分步发展的工作计划。

②有组织性。要合理安排好工作时间，使其紧张有序，繁而不琐，张弛有度。

③有效率性。规划好工作进度，提高工作效率，创造优异的工作业绩。整天忙忙碌碌但不出成果，并不是一个有效工作者。纠正“只有加班工作，才会得到赏识”的错误观念。

④有技巧性。要通过不断地探索和总结，深入了解工作的特点和规律，并在把握规律的基础上采用一定的方法和技巧，达到事半功倍的效果，切忌蛮干。

⑤养成良好的职业习惯。习惯是影响成功的要素之一，应利用习惯来增加工作效率。良好的工作习惯包括：准时——不浪费光阴；恒心——工作始终如一；果断——不错失良机；主动——不怠慢懒惰；迅捷——快捷而有力；勤奋——不断加强学习。

4. 树立良好的职业形象

良好的职业形象具有以下特征：一是良好的职业机制。职业的运行机制主要包括职业的性质和社会地位、职业的体制和运营方式、职业道德规范和行为准则以及从业人员的选择和培养等。二是职业从业者的外在美。在没有详细了解的前提下，从业者的外在表现如服饰、发型、言语、举止等，往往给人一种很深的内在印象。外在美是树立良好职业形象的先决条件。三是职业从业者的内在美。与外在美相比，内在美的境界最高，更能够持久地树立良好的职业形象。和顺的态度、谦逊的作风和诚实守信的为人，是内在美的主要表现。

①良好的职业形象。良好的职业形象是职业成功的重要条件，对处于社会特殊层次、特定地位的职业院校毕业生来讲，具有不可低估的作用和意义。

②仪表端庄。仪表是职业形象的基本外在特征，端庄的仪表会给人良好的印象。要注意穿着打扮符合所从事职业的要求和现实身份，始终保持积极向上的良好印象。

③举止大方。在同事面前举止文明，落落大方，实事求是，切忌高傲自大、夸大其辞，冒失莽撞。对一些新问题、新情况，要虚心向老同志、老师傅请教，学习他们的好方法、好经验。谦虚的品格会给人留下良好的第一印象，会使你在业务上和其他各方面更快地成长。

④诚实守信。自觉遵守单位的作息时间和其他规章制度，讲求信用，培养不失约、不失信的诚实守信的美德。

5. 杜绝工作顺境中的不良情绪

在职业生涯中当个人特点与职业环境相吻合时，工作就会取得顺利进展。此时切忌沾沾自喜、妄自菲薄、夜郎自大，应该认真审视自己仍然存在的潜在不足，并抱着积极的态度努力挖掘改造。需要注意的问题有以下几点。

①自以为是，目中无人。听不进别人善意的劝告，总以为自己是正确的。

②喜好奉承。一时得道，就喜好奉承，听不得不同意见，势必将迷失航向。

③高枕无忧。人无远虑，必有近忧。

④缺乏同情心。无视处在逆境中同事所遇到的困难，不热情相助。时过境迁，一报还一报。

⑤疏于自律。放松对自身职业道德的修养，忽视职业规范和要求，最终酿成大错。

⑥满足现状，不思进取。把一时的顺利看成一生的顺利，消磨意志。遇到逆境必自乱。

6. 学会逆境中崛起

顺境和逆境是辩证的关系，是一个互逆的动态过程。人的一生不可能是一帆风顺的，逆境往往对人的锻炼更大。职业院校毕业生应当学会在逆境时振作自己，奋力拼搏，并积极寻找新的突破口。

①要保持一颗平常心。这样才能正确地分析问题、处理问题。切不可造成一种偏激或

灰心丧气的心态，这对走出困境是十分不利的。

②重新审视自我。造成不利处境，必有各方面原因，最主要来自于自身，不要一味迁就别人。重新审视自我，科学分析，找出问题的原因和解决方案。不要在一个问题上犯两次错误。

③客观地看待“跳槽”。当你发觉目前的工作与你个人设计不符，又发现有更好的机会和途径能尽快实现你的事业目标时；或者凭个人主观努力根本无法摆脱现有的困境时，跳槽是明智的选择。“跳槽”时要避免的问题：单纯追逐利益；一时尴尬的人际关系；盲目随大流。

7. 审时度势，敢于自主创业

自主创业就是职业院校毕业生不再向社会寻求工作，而是自己创立公司、开办企业等个人色彩较浓、个体性行为较强的创业活动。自主创业不仅解决了自己的职业发展问题，也为社会创造了更多的职业岗位。

自主创业不仅要求毕业生能结合专业特长，根据市场前景和社会需要搞出自己的创新成果，而且要直接面向市场，面向社会，把研究成果转化为产业，创造出客观的经济效益。它也包括那些发现新市场商机，抓住机遇创办自己的经济实体，以商业经营创造出社会价值行为。自主创业是职业院校毕业生由知识的拥有者变成直接为社会创造价值、做出贡献的创业者。

职业院校毕业生在经过一段时间的职业锻炼后，选择自主创业，实现职业新的发展，必须注意以下问题：在自主创业目标确定上首先要考虑自己所学的专业和自己的知识结构；深入调研市场，选择社会需要且具备发展潜力的行业；量力而行；创业目标要切合实际，主要是指要切合社会需要实际，切合已经具备的和能够争取到的创业条件的实际，切合创业者自身能力和兴趣的实际。这三个方面如果有某一个方面产生了脱离实际的问题，都有可能导致创业行为的受挫或创业目标的落空。这是因为任何创业目标的实现，都是需要有其必要的先决条件，那种不考虑创业所必需的先决条件，仅凭着主观想象而确定的创业目标，不仅难以指导创业实践，难以带来创业的成功，而且还会将创业引入歧途。

思 考 题

（1）职业院校毕业生初入职场，面临的主要任务是什么？实现角色转变有什么重要意义？
（2）进入职场后，职业院校毕业生如何建立良好的人际关系？如何积极进行职业适应？
（3）职业院校学生角色与职业角色有哪些区别？
（4）职业院校学生初入职场，影响职业适应的因素主要有哪些？
（5）根据角色转换规律，职业院校学生应该如何重塑自我，主动适应社会？

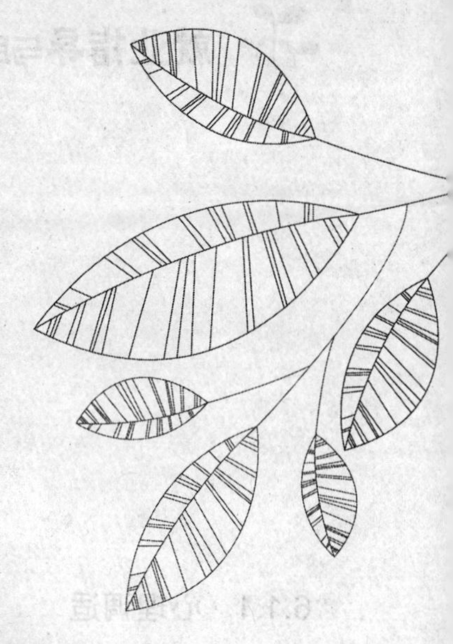

第6章 心理调适

小蜗牛问妈妈：为什么我们从生下来，就要背负这个又硬又重的壳呢？

妈妈：因为我们的身体没有骨骼的支撑，只能爬，又爬不快。所以要这个壳的保护！

小蜗牛：毛虫姐姐没有骨头，也爬不快，为什么她却不用背这个又硬又重的壳呢？

妈妈：因为毛虫姐姐能变成蝴蝶，天空会保护她啊。

小蜗牛：可是蚯蚓弟弟也没骨头，也爬不快，也不会变成蝴蝶，他为什么不背这个又硬又重的壳呢？

妈妈：因为蚯蚓弟弟会钻土，大地会保护他啊。

小蜗牛哭了起来：我们好可怜，天空不保护，大地也不保护。

蜗牛妈妈安慰他：所以我们有壳啊！我们不靠天，也不靠地，我们靠自己。

在求职过程中，职业院校学生经常会遇到像小蜗牛一样的困惑。特别是当前职业院校毕业生就业形势严峻，就业压力巨大，就业过程中出现的心理问题呈现增长的趋势，同时职业院校学生就业过程中也屡屡遭遇单位侵权行为，因此职业院校学生求职心理的调适与合法权益的维护成为职业院校学生必须掌握的内容。

6.1 求职心理调适

职业院校学生在求职择业中，不可避免地会遇到困难、挫折和冲突。这些挫折和冲突常常会引起各种心理问题，既不利于择业，也不利于身心健康，严重的甚至还会影响整个人生。解决这些心理问题的根本对策是学会心理调适，在遇到挫折和冲突时，能够客观地分析自我与现实，有效地排除心理问题，从而使自己保持稳定而积极的心态，达到如愿择业的目的。

6.1.1 心理调适

心理调适是实现心理健康的手段。为了维护心理健康，职业院校学生应该了解并掌握心理调适的途径和方法，不断调整自身的心理状态，积极适应社会的变化，勇敢地迎接就业的挑战。

择业挫折案例

案例：职业院校毕业生李某在班里是比较优秀的学生，可第一次求职就败下阵来。这样的挫折让他难以承受，他把自己关在宿舍里，闷声不响，后悔自己面试时表现为何那么糟，后悔自己当初为何不准备充分一些。后来，在老师、同学们的开导下，他自己也认识到后悔是无济于事的。他重新振作起来，积极迎接就业的挑战。

分析：挫折与失败在择业过程中在所难免。被拒绝的滋味，面对“没人要”（自己想去的单位不要自己）的尴尬局面，会很大程度挫伤不太坚强的自信心。而要走向择业的成功，就需要自我调适——调试情绪、调整各种不正常的心理，因为不良的情绪和心理不但于事无补，反而会让一个个机会从身边溜走。

1. 提高心理调适的自觉性

人生是一个不断变化发展的历程，也是个人对环境不断适应的过程。在人生的某些阶段，由于环境条件的改变，社会对个人会提出新的更高的要求，以至于使个人感到难以适应。此时，如果个人能够主动、自觉地适应社会的要求，就可以较顺利地进入一个新的人生阶段；相反，如果个人无法适应社会的新要求，就会影响自身的成长和发展，严重的还会危及身心健康。

在求职择业过程中，职业院校学生应当充分认识心理调适的作用，提高自我心理调适的自觉性，尽量通过自身的努力使自己保持良好的心态，以利于合理择业、顺利就业和健康成长。

2. 积极进行自我心理调适

面对激烈的就业竞争，从以下几方面积极地进行自我心理调适，可以帮助职业院校学生解除心理紧张，促进心理平衡，保持好的心态。

（1）认识和评价自我。进行自我心理调适，首先要正确认识和评价自我，这是进行自我心理调适的基础。只有正确地认识和评价自我才能找到自我调适的立足点。认识和评价自我的方法主要有以下 3 种。

① 自我反省。自我反省也叫自我静思，就是面对各种矛盾和冲突，首先能冷静地、理智地思考自我、认识自我、评价自我，找到自我的正确位置。面对择业，职业院校学生除了要客观地分析就业环境外，最主要的是要正确地认识自我和评价自我，应当明确自己的爱好特点是什么，自己的性格气质是什么，自己最适合干什么工作，自己的优势和劣势是什么，自己的择业发展方向是什么等。只有通过理智、冷静的自我思考，才能对自己有一个客观的评价，使自己在择业过程中处于积极主动的地位。

② 社会比较。人不可能脱离社会而存在，要正确地认识和评价自我，离不开社会。职业院校学生要正确地认识和评价自我，首先要将自己与其他人作比较，特别是要通过与自己条件、地位类似的人比较来认识自己，而不是孤立地认识自己；其次，要通过社会上其他人对自己的态度来认识自己；通过对自己参加社会活动结果的分析来评价和认识自己，即通过在客观上寻找评价的参照尺度来认识自己。如果一个人对自己的评价与他所进行的各种比较基本一致，那就基本可以认为他的自我认识发展得比较好，比较客观；如果不一致，差距太大甚至相反，那就表明他的自我认识发展不好，不够客观，缺乏自知之明。

③ 心理测验。心理测验是心理测量的一种工具和手段。心理测验的方法很多，主要包括智力测验、人格测验和能力测验等，有关的心理学著作中都有详细的介绍，职业院校学生可以根据自己的需要选择使用。要注意的问题是，一定要选择心理学专家编制的标准化的测量表，最好能在专家指导下使用。

（2）心理调适的方法。心理调适是实现心理健康的手段。为了在激烈的就业竞争中维护心理健康，职业院校学生应该了解并掌握心理调适的途径和方法，不断调整自身的心理状态，积极适应社会的变化，勇敢地迎接就业的挑战。

① 自我转化。有些时候，不良情绪是不易控制的。这时，可以采取自我转化的方法，把自己的情感和精力转移到其他活动中去。如学习一种新知识、新技能，参加自己感兴趣的活动，利用假期去旅游等，不要让自己沉浸在不良情绪中，以保持心理平衡。

② 自我适度宣泄。因挫折造成焦虑和紧张时，消除不良情绪的最简单方法莫过于宣泄。切忌把不良情绪强压在心底，忧虑隐藏得越久，受到的伤害就越大。较妥善的办法是向朋友等自己信任的人倾诉，一吐为快，甚至可以痛哭一场，把痛苦全部宣泄出来；也可以去打球、爬山、参加大运动量的活动，宣泄情绪。但是宣泄一定要注意场合、身份、气氛，注意适度，应是无破坏性的。

③ 自我安慰。人不可能事事皆顺心，处处是英雄。择业中遇到困难和挫折，如果自己已尽力仍无法改变时，要说服自己做适当让步，不必苛求，找一个自己可以接受的理由保持内心的平静，承认并接受现实，以保持心理平衡。

④ 松弛练习。松弛练习也叫放松练习，是一种通过练习学会在心理上和躯体上放松的

方法。放松训练可帮助人们减轻或消除各种不良的身心反应，如焦虑、恐惧、紧张、心理冲突、入睡困难、血压增高、头痛等症状，且见效迅速。职业院校学生在择业时如遇类似心理反应，可在有关人员指导下尝试进行放松练习。

⑤ 情绪理性化。人有理性和非理性两种观念，在这些观念指引下的认识方式会影响人的情绪。人的不良情绪产生的根源是人的非理性观念，反之亦然。要消除人的不良情绪，就要设法将人的非理性观念转化为理性观念。

例如，有的学生在择业中受了挫折便消沉苦闷或怨天尤人，其原因在于他原本认为“职业院校学生就业应当是顺利的”“我很优秀，择业应该很理想”等。正是这些观念作怪，才导致或加剧了他的不良情绪。如果将这些想法加以纠正，不良情绪一定能得到克服。

职业院校学生在运用理性情绪化法时，应首先分析自己有哪些消极情绪，从中分析、综合、抽象、概括出相应的非理性观念，并对其进行质疑；同时对比两种观念状态下个人的内心感受，鼓励自己向理性观念方面转化，从而有助于排除不良情绪。

阅读材料

遇到困难多用反向心理调节法

一个人曾与欧阳修同行（他不知道同行者是欧阳修），见路边有一枯树，便吟出两句：“远看一枯树，两个干树桠”，显然此诗反映了诗人低落的心理状态，句中的树既无生命，也无色彩。欧阳修听了笑眯眯地说：“如若再加两句想必会更好！”此人听罢冥思苦想，此时欧阳修妙加两句，“春来苔为叶，冬至雪做花”。此人听罢感慨万千，猛然醒悟，那棵干枯的死树多么富有生机呀，春天长着青苔，那绿色的青苔就是它的生命；冬天落满雪花，那皑皑的白雪就是它的色彩！

还有一个故事。一个老太太有两个儿子，一个儿子是卖伞的，一个是染布的。天下雨，她焦虑，为什么？天下雨了，大儿子的布怎么晾得干啊？天晴了，她也焦虑，二儿子的伞怎么卖得出去？有一个智者对她说，你换一种思维吧，天下雨你高兴，因为二儿子的伞卖得出去。天晴也要高兴，因为大儿子的布晾得干。果然，从此，老太太变得快乐起来了。

一个现象，一种人生境遇，两种心态。其实质就是有些人对待人生境遇不能运用反向思维，不能从现象中看出希望。始终以灰色的心态看世界，世界就变成了灰色。美国教育家卡耐基说：“如果我们有着快乐的思想，我们就会快乐。如果我们有着凄惨的思想，我们就会凄惨。如果我们有害怕的思想，我们就会恐惧。如果我们有不健康的思想，我们还可能会生病。”对这个问题，英国文学家萧伯纳讲得更为明确。曾有一名记者问萧伯纳：“请问乐观主义者与悲观主义者的区别何在？”萧伯纳的回答很简单，假如桌子上有一瓶酒只剩下半瓶，看见这瓶酒的人如果高喊“太好了，还有一半”，这就是乐观主义者。如果对着这瓶酒叹息“糟糕！只剩下一半”，那他就是悲观主义者。

人生之路不可能一帆风顺，总会有困难，有挫折，有烦恼，有痛苦，这些都是客观存在的，想躲也躲不过去，你叹息也好，忧虑也罢，都无助于问题的解决。

在这种情况下，与其在那里唉声叹气、惶惶不安，不如拿起心理调节的武器，从相反方向思考问题，使情绪由“阴”转“晴”，摆脱烦恼，使自己从困难中奋起，从逆境中解脱。

3. 求职过程中常见的心理问题

职业院校毕业生在校期间虽然学习并掌握了一定的专业知识，有一定的动手能力，在求职前也精心准备了相关材料，掌握了一定的求职技巧，但在心理上还存在一些这样或那样的心理问题。这些心理问题是职业院校毕业生求职过程中的瓶颈，同时也严重威胁着职业院校毕业生的身心健康，如不及时调适极有可能诱发其他严重后果。职业院校毕业生在求职过程中普遍存在以下几种心理问题。

（1）焦虑心理。就业焦虑是指毕业生在落实工作单位之前表现出来的焦虑不安。个体对多种生活环境的担忧或对现实危险性的错误认识直接导致了焦虑。美国心理学家贝克的研究表明：焦虑水平与对伤害的不现实期望和幻想有关，所期望和幻想的伤害越严重，焦虑水平就越高。

职业院校毕业生若个人自我定位不当，面对就业时就会遭受挫折，精神就会处于一种焦虑状态；有的毕业生认为社会是复杂多变的，进入社会后无论从事何种职业都必须面对复杂的人际关系，而这些人际关系是他们在职业院校生活中少有接触的。很多学生认为职业院校校园是一块净土，踏出这块净土，就失去了它的荫护，他们没有勇气去面对所谓深不可测、复杂多变的社会。职业院校毕业生的这种过度或持久的焦虑体验，形成就业焦虑心理，严重影响了其正常的生活和就业。

（2）自卑心理。心理学的研究表明，一个人进入青年期后，随着自我意识的成熟和自尊心的增强，不再像儿童那样无忧无虑、天真烂漫了。他们会较多地考虑自己的社会地位和未来的发展，注意别人对自己的评价。当他们发现自己的某些缺点，特别是在求职过程中受到挫折之后，为了维护自尊心，就会在竞争面前采取退避三舍的态度，显示一种自卑的倾向。

职业院校学生小陈，平时成绩不佳。小陈每次参加就业招聘会，不是到了门口打退堂鼓，就是进去也不和应聘单位作较深的交流，只要应聘单位对她有一些不太肯定的表示，她就马上撤离。问及原因，小陈说她很自卑，总认为自己不行，比她优秀的同学还有很多没找到工作，不可能会先轮到她，等优秀的毕业生都确定工作之后，才会选择她。

自卑只会让人失去很多好机会，在竞争激烈的职场上，一方面社会和用人单位对学历的要求越来越高，部分职业院校毕业生可以胜任的工作也要求本科生才可以应聘。因求职屡次受挫，而转化为自卑心理，过分地退缩。对于自卑者来说，勇敢迈出第一步才是成功的关键所在。在择业时，不能过分自负，更不能过分自卑。

（3）自负心理。有些职业院校毕业生或因所学专业紧俏，或因就读学校为示范性院校，或因自己无论专业学习还是综合素质都高人一筹，或因自身较优秀的条件为不少用人单位所垂青，而在内心过高估计自己的知识和能力水平，不能认识社会职位的要求，给自己找到一个准确的社会定位，脱离实际，怕艰苦，不愿承担艰苦的工作，不能接受从基层起步的实际状况，不愿到经济欠发达地区去工作。在这种心理支配下，不切实际地挑选用人单位。导致与不少适合自己发展的用人单位失之交臂，结果是错过机遇，难以及时就业。

（4）盲目从众心理。职业院校学生小王，成绩和其他表现在班上一直很优秀。在就业热潮来临之前，有一家单位到他所在系招聘，班上同学因是第一次见到应聘单位来校招聘，均蜂拥而至，跃跃欲试。他也怀着紧张兴奋的心情去应聘。几番筛选之后，用人单位选中了他。他犹豫了一阵之后还是早早地签了约。随着就业高潮的来临，他看问题的视野越来越开阔，对于签约的事也就越来越后悔，觉得签约单位跟他意愿有冲突，为了提前解约，小王煞费苦心、费尽周折。当问及他的心情时，他说很复杂。因自己一开始是未了解就业形势，也未了解清楚用人单位，更重要的是未了解自己所想要的，就在复杂的心理作用下匆忙签了约。

小王之所以会匆忙签约，主要的原因是自己的目标不明确，对就业形势也不了解，当时又带有一种盲目从众心理，他从希望到失望，是盲目的好强心理得到满足之后开始对自己冷静的思考。

现在的大多数毕业生求职时都带有很大的盲目性，盲目认为只要单位给予的报酬多，所处的地理环境优越，条件较好就行。特别是在招聘会上，看到应聘的人多，就跟着去应聘，表现得非常盲目。求职时没有很好地对自己的兴趣、爱好、特长进行分析，不管自己是否适合这样的工作岗位，不管所谋职位是否有利于自己的发展，随大流找单位，期望广种薄收，到最后造成频频毁约。而这种做法只会给毕业生带来更多更大的困扰。

案例分析

愚蠢的小羊

案例：早晨，一只小羊在栅栏外徘徊，想吃栅栏里面的白菜，可是它进不去。这时，太阳东升斜照大地，在不经意中，小羊看见了自己的影子，它的影子拖得很长很长。“我如此高大，一定会吃到树上的果子，吃不吃这白菜又有什么关系呢？”它对自己说。

远处，有一大片果园，园子里的树上结满了五颜六色的果子。于是，它朝着那片园子奔去。到达果园，已是正午，太阳当顶。这时，小羊的影子变成了很小的一团。“唉，原来我是那么矮小，是吃不到树上的果子的，还是回去吃白菜的好!”于是，它快然不悦地折身往回跑。跑到栅栏外时，太阳已经偏西，它的影子又变得很长很长。

“我干吗非要回来呢？”小羊很懊恼，“凭我这么大的个子，吃树上的果子是一点问题也没有的!”

分析：“从众”心理，就像故事中那只小羊一样，对自己认识不清，完全被外界评价所左右。这是一种比较普遍的社会心理和行为现象。通俗地解释就是“人云亦云”、“随大流”。大家都这么认为，我也就这么认为；大家都这么做，我也就跟着这么做。而对于每一位职业院校学生来说，我们都应该克服“从众”心理。在决定从事什么职业、去哪家公司时，不要盲目随大流、乱“扎堆”，更不能老用别人的眼光定位自己要找的工作。因为工作要靠自己去干，自己的路要自己把握。

（5）盲目攀比心理。职业院校毕业生在选择单位时，不考虑自己的主客观条件，不深入了解单位发展情况，而往往是拿自己身边同学的就业标准来给自己定位，从而导致不同程度的盲目攀比心理，表现在就业过程主要有：忽视自身特点，盲目攀比工作地域或地点，攀比收入和待遇，攀比工作单位和行业，攀比工作和生活环境等。由于此心理的作用，毕业生要么暂不就业等待好单位来临，要么朝三暮四频频更换工作岗位，将自己的就业目标定位过高，个人功利主义色彩过重，唯利是图，缺乏吃苦耐劳和奉献精神。其结果是高不成、低不就，导致违约现象增加，大大影响了用人单位正常工作的开展。

（6）不平衡心理与嫉妒心理。有些职业院校毕业生或因自身综合素质和能力不足，或因时机把握不准而找不到理想工作。见其他同学找的工作比自己找得好，心理产生不平衡，怨天尤人，抱怨自己没有关系，没有背景，抱怨自己所学专业不好等。特别是看到同班同学或老乡（特别是在校期间不如自己优秀的同学）找到比较理想的工作时，就会产生不平衡或嫉妒心理。求职嫉妒心会使人把朋友当对头，导致朋友关系恶化，甚至会使班级人心涣散，人际关系紧张，本人也会增加内心的痛苦和烦恼，影响求职的顺利进行。

（7）消极依赖的心理。尽管职业院校毕业生接受了三年的职业教育，他们的一些行为、言谈都表现出要求个性独立，不愿为父母所左右，诸如谈恋爱、交友等。但许多职业院校毕业生在求职中仍十分依赖于自己的亲人、朋友，尤其是父母。这些人不是积极主动、千方百计地“推销”自己，而是一味地等着家里亲戚、朋友给自己找路子，或者自以为自己有某些优越的条件，坐等学校帮忙落实单位，这样便与当前激烈竞争的社会不合拍，最终结果往往不理想。

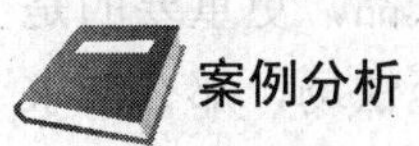

案例分析

小张的“幸福”生活

案例：小张出生在一个条件优越的家庭，父母从小就对她宠爱有加，什么事情都帮她安排得井然有序，所以也养成了她毫无主见、事无巨细均向家人请示的依赖心理。随着年龄的增长，她也开始要面临就业的问题了，但是长期养成的依赖心理使得她根本没办法去适应残酷的竞争，每一次不但要父母找好单位，还要他们一同陪伴参加面试，她的面试结果也是可想而知了。

分析：父母陪着参加面试的情况在社会上似乎并不少见，然而，人总有一天要学会长大，长期依赖家长的同学，一定要注意了，这种情况是不可能得到工作单位认可的。可诊断为依赖型人格，当代职业院校学生有不少是独生子女，在父母的精心呵护下成长，由于受应试教育的影响有些甚至是高分低能，动手实践能力差，思想上纯粹追求安稳，往往不敢主动求职，甚至出现了在父母陪同下去求职的场面。表现在就业过程中主要有：缺乏信心和勇气，在社会、学校为其提供的就业机会面前顾虑重重，不能主动地参与就业竞争，而是寄希望于学校和家庭，静候学校和家长的安排，使自己在竞争中处于劣势。

6.1.2 消除紧张耐受挫折

当前，职业院校学生就业面临着严峻的形势，这就不可避免地给职业院校学生带来紧张和压力。为了更好地求职择业，职业院校学生要克服紧张的心理，设法把自己从紧张的情绪中解脱出来。

1. 建立自信

自信，是求职成功的心理基础，自信程度与推荐自我的关系远远超过推荐其他任何东西。缺乏自信，常常是性格软弱和事业不能成功的主要原因，也是推荐自我的最大心理障碍。

面对当今激烈竞争的人才市场，自信、敢于竞争者就能够掌握求职成功的主动权；缺乏自信，唯唯诺诺的人，定会成为竞争中的失败者。建立自信心的前提要看到自己的长处、优势，要认识到别人也不一定什么都好，你也有自己的长处。不要把招聘者看得过于神秘。从心理学上讲，求职者在面试时心理上处于劣势，往往把招聘者看得过高，好像他们能洞悉自己内心一切似的。首先，并不是每个招聘者都是学识渊博、难以对付。他们同你一样，都是普普通通的人，了解了这一点也就不会有畏惧感了。其次，不要老想着自己的缺点，每个人都有自己的缺点和不足，也有自己的优点和特长。多想想自己的优点、优势和特长，即使有缺点，对这一工作来说也可能是优点。通过这样的暗示作用，可以增加自信，消除紧张。可以肯定地说，坚定、自信是求职成功的前提。

2. 消除紧张

许多求职者失败，并不是因为他们缺乏适应工作的能力，而是因为过度紧张，使招聘者对其稳定性发生怀疑而造成的。因为面试不仅是了解求职者的知识和人品，更重要的是通过相互交谈来测试求职者的应变能力和处世能力。如果过度紧张，甚至怯场，那么，求职者的能力、才华就无法展现，失去求职的机会，也在所难免。

那么，怎样才能克服紧张情绪呢？

（1）不要把面试看得过于重要。如果总是担心面试失败而失去工作机会，就会加重心理负担，增加紧张感。面试时要采取超然的态度，记住这样一句话：即使面试失败了，也没有失去什么，却得到了面试的经验，还有更好的机会在等待，胜败乃兵家常事。

（2）掌握说话节奏。控制说话速度也有利于减少紧张。在紧张的情况下，说话速度会越来越快，进而使思维混乱，讲话的内容也会条理不清，甚至张口结舌，对方难以听懂你要表达的真正含义，同时，还会给人以慌张或有气无力的感觉。这时，放慢说话速度有助于稳定情绪和理顺思路，从而保证口齿清楚、思路清晰、有条不紊。当然，放慢速度要适当，不要故意把话音拖长。

（3）承认紧张。如果紧张难以消除，可以坦率地告诉招聘者："对不起，我有点紧张。"对方会理解的，甚至还会安慰你，帮助你放松。对求职者自己来说，承认紧张，心情就会慢慢安定下来，紧张情绪就会逐步消失，而且面试的气氛也会融洽起来。承认紧张，对推荐自己并没有什么消极影响，反而会表现你的诚实、坦率和求职的诚意。

3. 克服羞怯

羞怯是许多人都有过的一种普遍的情绪体验，主要是指由于性格内向或挫折引起过多地约束自己的言行，以致无法真实表现自己情感的一种心理障碍。

羞怯感强的人，在招聘者面前会感到有一种无形的压力，不敢迎视对方的目光，缺乏表现自己的信心和勇气。面试时常出现脸红、冒汗、张口结舌、语无伦次等现象，对自己的神态举止和言谈过分敏感，生怕自己在别人面前失态出丑。越是害怕和检点自己的言谈举止，就越无法恰当地控制自己的失态行为，反而会异常紧张，不自然的表情和行为通过反馈更进一步增加了紧张心理，形成恶性循环。

那么怎样才能克服羞怯心理呢？增强自信心是最有效的途径之一，除此之外，还要注意以下几点。

（1）不要过多地计较他人的评论。羞怯感强的人，最怕得到否定的评价，结果越害怕越不敢表现自己，越不敢与人交往，恶性循环使他在羞怯的旋涡中越陷越深。其实，被人评论是正常的事，应把它作为改善自己的动力，而不应把它当成精神负担。

（2）扩大自己的知识面。只有具备丰富的知识，才能在各种面试活动中，不会因知识过分狭窄而受窘。这里所说的知识，不仅包括专业知识和其他科学文化知识，也包括面试的基本礼节和推销自我的基本技巧。你可以从有关求职的书刊上获得这些知识，也可以从周围的同学、朋友身上获得。

（3）学会控制自己。常用的方法是自我暗示法，每当面试自感有可能紧张、羞怯时，就提醒自己镇定下来，什么都不去想，把招聘者当作自己的熟人和朋友一样，羞怯心理就会减少大半。心理学的研究表明，一个非常怕羞的人，当他在陌生场合讲出第一句勇敢的言语后，随之而来的将不再是新的羞怯，而可能是顺理成章的演说。

（4）争取锻炼的机会。开始时可以从容易的事做起，例如，先在熟人的范围里练习面试，锻炼自己的表达能力，运用和熟悉推荐自我的技巧，培养对"羞怯"的心理抵抗力；然后遵守循序渐进的原则，扩大范围、增加难度。我们建议，要尽可能地参加各种类型的"人才交流会"和"毕业生供需见面会"，把它们看成是锻炼自己的机会。在有意识地克服羞怯心理的过程中，对每一个机会，都必须作好充分的准备，以获得好的效果。

4. 不怕挫折

挫折是指个人在从事有目的的活动过程中，遇到的干扰和障碍，致使动机不能实现时的情绪状态。生活中的挫折是造就强者的必由之路，挫折是锻炼意志、增强能力的好机会。职业院校学生在择业时，应该保持健康、稳定的心理，采取积极的态度，遇到挫折时，不要消极退缩。当然，从根本上说，一个人战胜挫折的能力绝不是一时的努力能培养出来的，它有赖于职业院校学生平日不断地增强自身修养，学会科学地认识、分析事物，特别是主动经受一些磨难，增加一些挫折经历。

阅读材料

10句话看求职心理问题

职业院校学生求职心理问题，可以用十句话来表达。

第一句是，“我一定要在某地找一家单位!”他说，除了上海、北京、广州，我肯定不到其他的地方去找工作。这些学生，把择业目标定在一个地方，期望值非常高。如果这些地方没有用人单位录用他，他就会感到沮丧，感到受挫。

第二句是，“我一定要进像某家单位这样的单位!”具体而言，就是“我一定要进500强企业!我一定要进入这样一个好的单位!”否则，其他单位我都不考虑。人们谈的“圈子就业”、“面子就业”，这就是具体的表现。这些学生往往非常自负，择业时会遭遇非常大的挑战。

第三句是，“我一定要比某某找到更好的单位!”这是一种攀比情绪。“他的学习成绩比我差，我怎么会输给他？我不比他差，我一定要找到一个比他更好的单位，要么工资高，要么环境好，总之，我不会输给谁。”这是这些学生的典型想法，因此他们在求职过程中，一旦晚于某人找到工作，或者说找到的工作不是那么理想，就会悲观，在这种盲目的攀比之中失去自我，甚至会对别人采取不友善的行为。

第四句是，“凭什么他就进了这家单位!”这是一种妒忌。不少学生会有这样的心理，他会说，你看，都是因为他父母比较好，他父母有地位、有关系；或者他肯定是采取了不正当的方式，才进入这家单位的……这是一些同学不能直面周围的同学，不能直面就业形势的具体表现。

第五句是，“我才不去干这种工作呢!”很多同学有这种想法——这种工作有什么好干的，地位这么低，我才不去干呢!这其实也是自我认识不清，对周围的环境没有正确判断的结果。有一些职业院校学生，由于定位失误错失机会，再回过来，已经来不及了，前面的工作岗位已经被别人取代了。

第六句是，“怎么还没有消息呢？E-mail没有，短信也没有……”当参加完一次面试，或者说参加完笔试之后，一些求职学生就会进入等待消息的过程，陷入焦虑、彷徨状态，像热锅上的蚂蚁，每天都寝食难安。有的学生会不断去查收E-mail，不断检查手机短信，看看是不是有新的消息。实际上，这种焦虑状态，不但影响择业，还会影响身体健康。

第七句是，“哎，我又被拒了，烦死了。”有不少同学在得到被拒绝的消息之后，先是觉得痛苦，接着是觉得自己无用，他们希望能够早一点得到自己被用人单位录用的消息，这种心情可以理解。但是，如果这种沮丧的心情，不断延续，可能会影响到接下来的求职。

第八句是，“我真没用，真没用……全搞砸了!”很多同学在被拒后，在感叹求职烦的情况下，会说“我真没用，全搞砸了”。这些同学，他们会自我进行反省，反省的结果是，发现自己在求职中没有表现好，有很多地方存在失误，于是把失误不断放大，然后自责、自伤。这种情绪问题，如果偶尔发生，或者短暂发生，也可以理解。但是如果一直走不出失败的阴影的话，有可能在下一次求职中，丧失自信，在用人单位面前表现得畏手畏脚，反而会影响到自己真实水平的展示。

第九句是，“想也不用想，他们不可能要我们这样普通学校的学生的。”这是一些同学在遇到一个新的机会，面临一些单位来学校举行招聘会的时候，作出的一种评估。这是主动放弃，主动缴械，未战先败。

第十句是，“等爸爸、妈妈想办法吧，自己折腾不出什么名堂的。”这是不少同学，消极对待就业，把自己就业的能力看低、把求职环境看得太恶劣的具体表现。他们认为，现在的就业竞争这么厉害，自己的能力又不是很强，自己如何努力去找工作，也都没办法，只能靠自己的父母解决了。他们甚至把自己的求职，当成了父母的事情，似乎跟自己无关一样，不愿意承担责任。

这十大典型表现，影响了职业院校学生求职的成功，也影响了职业院校学生自身的发展。

6.1.3 调整心态成功求职

就业是职业院校学生人生的重大转折，面对严峻的就业形势，职业院校学生应客观地认识社会、认识自己，调整好自己的择业心态，做好充分的就业心理准备，积极地迎接竞争挑战。

1. 正视现实

正视现实是职业院校学生择业必备的健康心态之一。正视现实包括两方面的内容，即正视社会和正视自身。

（1）正视社会。现实是客观的，既有有利于自己的一面，也有不利于自己的一面。随着社会的发展和国家人事制度的改革，职业院校学生求职择业会面对越来越有利的环境，这将为职业院校学生施展自己的才能提供广阔的天地，有利于职业院校学生的发展与成才。

但目前我国就业形势比较严峻，人才供需状况不平衡，边远地区、艰苦行业、基层和第一线急需人才。另外，我国的毕业生就业市场还不规范，尚需进一步完善。同时，用人单位对职业院校毕业生的要求也越来越严格。这些都是客观现实，职业院校学生应该面对这些现实，一切从实际出发，处理好理想与现实的关系。那种脱离社会、脱离现实、好高骛远、凭空臆想的做法都是不正确的；同时，逃避社会、回避现实的想法更是不可取的。

（2）正视自身。常言道：知人为聪，知己为明；知人不易，知己更难。一个不能正确认识自己的人，就不能把主观愿望和客观条件有机地结合起来，从而选择切合实际的目标。正视自身，首先要对自己有充分的认识，如价值取向、专业学习状况、各种能力、身心素质等。对自己有充分的认识，有助于明确自身定位，从容应对挫折和挑战。

2. 敢于竞争

在激烈的就业竞争中，职业院校学生要想取得胜利，既要敢于竞争，又要善于竞争。

（1）敢于竞争。职业院校学生就业制度的改革，为毕业生和用人单位提供了“双向选择”的机会，使职业院校学生能够根据国家的就业政策，结合自己的专业、爱好、性格、特长、愿望等选择工作岗位，可以通过适当的途径和方式展示自己、推荐自己，获得用人单位的青睐。职业院校学生应当珍惜这个机遇，敢于竞争，努力实现自己的抱负。

要做到敢于竞争，就要树立竞争意识，敢想、敢说、敢干，有敢为天下先的精神；还要从实际出发，充分考虑到自己的专业、性格、气质、爱好等，扬长避短；并且要靠真才实学参与竞争，不能互相拆台或不讲信誉；同时还要准备经受挫折，求职择业的过程中充满竞争，失败在所难免，有了充分的思想准备，才会成为竞争中的强者。

（2）善于竞争。职业院校学生要想在求职择业中取得成功，仅仅做到敢于竞争是不够的，还必须善于竞争。善于竞争体现在具备良好的心理素质、实力和良好的竞技状态。在求职面试时一定要轻松自如，特别是要克服情绪上的紧张和焦虑；同时还要做到仪表端庄，举止得体，交流表述清晰，采用适当的方式推荐自己，给用人单位留下良好的第一印象。如果职业院校学生能以稳定的情绪对待求职择业，就能在激烈的就业竞争中取胜。

3. 善于化解求职的心理压力

面对求职时的心理压力，职业院校学生要学会善于化解。

（1）善于调整求职心态。职业院校学生对求职择业要有正确的认识，求职择业是人生的一件大事，但又是一件十分平常的具有多种选择的事情，不要把它看得举足轻重。对求职择业要有一颗平常心，找到满意的工作不要沾沾自喜；暂时找不到工作，也不要悲观失望，而要运用智慧积极寻求，耐心等待，对求职择业保持信心、耐心和恒心。

（2）注意自我减压。对于求职择业的职业院校学生来说，被自己心仪的用人单位拒绝，个人的情绪可能会受影响，产生挫折感和失落感，这是非常正常的现象。对此职业院校学生要用积极的心态，认真地思考、分析求职失败的原因，找出自己存在的不足，总结经验教训，改变求职的策略，为下次求职成功奠定基础。

4. 调整就业期望值

面对严峻的就业形势，职业院校学生要从以下方面合理调整自己的就业期望值。

（1）不要盲目与人攀比。有比较才会有差距，有差距就会有压力，有压力就会有动力，有动力才会进步。但盲目比较就是嫉妒，会陷入误区，成了在别人的拥有里寻找痛苦。在求职择业过程中，由于许多复杂的主客观因素的存在，人与人之间有许多情况是不可比，也无法去比的。与人攀比，除了增加个人的烦恼，对求职没有任何帮助，也没有任何实际意义。

（2）要适时调整自己求职的期望值。对于求职者来说，求职的期望值越高，一旦遭遇失败，失落感就会越强烈，心里承受的压力就会越大。职业院校学生在求职择业时，要处理好就业理想与就业现实的关系，认清就业的形势，正确地评价自己，不要定位过高。这样在求职时，就不会好高骛远，人为降低就业的难度，也就会降低求职择业的压力。

6.2 就业权益保护

职业院校学生从告别学校之时起，就会面临着各种各样的社会挑战：虚假招聘信息、误陷传销陷阱、招聘单位各种各样的“歧视”条款、口头许诺迟迟不肯签订劳动合同等，这一桩桩问题影响着毕业生的顺利就业，甚至会使毕业生错过最佳就业时期，“前车之辙，后车之鉴”。为了维护自己就业的合法权益，减少在走向社会之初不必要的损失，毕业生应该学会用法律武器来保护自己。

6.2.1 毕业生就业过程中的基本权益

职业院校毕业生的就业权益包括两方面：一是在择业过程中享有的权利；二是录用单位给予的权利。当职业院校学生的就业权益受到侵犯时，职业院校毕业生可依据《民法》、《合同法》、《仲裁法》的相关规定进行自我维护。

1. 毕业生就业权益

毕业生作为毕业生就业的一个重要主体，在就业过程中享有多方面的权益。根据目前就业规范的有关规定，毕业生主要享有以下几方面的权益。

（1）获取信息权。就业信息是毕业生择业成功的前提和关键，只有在充分占有信息的基础上，才能结合自身情况选择适合自身发展的用人单位。

毕业生获取信息权应包括以下三方面的含义。

① 信息公开。即所有用人信息向全体毕业生公开。例如，上海市已建立职业院校毕业生需求信息登记制度，凡需录用职业院校毕业生的用人单位，需到上海市职业院校毕业生就业指导中心和有关学校办理信息登记，由市职业院校毕业生就业指导中心通过职业院校向毕业生发布用人需求信息，任何单位和个人不得隐瞒、截留需求信息。

② 信息及时。也就是毕业生获取的信息必须是及时、有效的，而不能将过时、无利用价值的信息传递给毕业生。

③ 信息全面。毕业生有权获得准确、全面的就业信息，以便对用人单位有全面的了解，从而作出符合自身要求的选择，而不是盲目的选择。

（2）接受就业指导权。学生有权从学校接受就业指导。学校应成立专门机构，安排专门人员对毕业生进行就业指导，包括向毕业生宣传国家关于毕业生就业的有关方针、政策；对毕业生进行择业技巧的指导；引导毕业生根据国家、社会需要，结合个人实际情况进行择业。使毕业生通过接受就业指导，准确定位，合理择业。

当然，随着毕业生就业的真正市场化，毕业生也将由从学校接受就业指导而转为主动到市场接受就业指导，这种市场指导可以是有偿的。

（3）被推荐权。职业院校在就业工作中的一个重要职责就是向用人单位推荐毕业生。历年工作经验证明，学校的推荐往往在较大程度上影响着用人单位对毕业生的取舍。

毕业生享有被推荐权包含以下几方面内容。

① 如实推荐。职业院校在对毕业生进行推荐时，应实事求是，根据毕业生本人的实际情况向用人单位进行介绍、推荐。不能故意贬低或随意捧高对毕业生在校表现的评价。

② 公正推荐。学校对毕业生进行推荐应做到公平、公正，应给每一位毕业生以就业推荐的机会，不能厚此薄彼。公正推荐是学校的基本责任，也是毕业生享有的最基本权益。

③ 择优推荐。学校根据毕业生的在校表现，在公正、公开的基础上，还应择优推荐，用人单位在录用毕业生时也应坚持择优标准，真正体现优生优分、学以致用、人尽其才，这样才能调动广大毕业生和在校生的学习积极性。毕业生在就业过程中只能凭自身综合素质的提高来取胜。

（4）选择权。根据国家有关规定，实行招生并轨改革的职业院校毕业生，在国家就业方针、政策指导下可自主择业。毕业生只要符合国家的就业方针、政策，可以自主地选择用人单位，学校、其他单位和个人均不得干涉。任何将个人意志强加给毕业生，

强令毕业生到某单位的行为是侵犯毕业生选择权的行为。毕业生可结合自身情况，自主与用人单位协商，要求学校予以推荐，直至签订就业协议。

（5）公平待遇权。在用人单位录用毕业生的过程中，也应公平、公正，一视同仁。但在当前，毕业生的公平受录用权受到很大的冲击，也最为毕业生所担忧。由于各项配套措施滞后，完全开放公平的就业市场尚未真正形成，用人单位录用毕业生还不同程度存在不公平、不公正的现象，例如，女生就业难仍然是困扰女毕业生就业的一大问题。公平受录用权是毕业生最为迫切需要得到维护的权益。

（6）违约及求偿权。毕业生、用人单位、学校三方签订协议后，任何一方不得擅自毁约。例如，用人单位无故要求解约，毕业生有权要求对方严格履行就业协议，否则用人单位应对毕业生承担违约责任，支付违约金，毕业生有权利要求用人单位进行补偿。

2. 毕业生权益保护

在就业过程中，往往会出现一些侵害毕业生权益的行为，毕业生可通过以下途径对自身权益实施保护。

（1）毕业生就业主管部门的保护。毕业生就业主管部门可通过制定相应的规范来确定毕业生的权益，并对侵犯毕业生权益的行为加以抵制或处理。

（2）学校的保护。学校对毕业生权益的保护最为直接。学校可通过制定各项措施来规范毕业生就业指导和就业推荐，对于用人单位在录用毕业生过程中的不公平、不公正行为。学校有权予以抵制以维护毕业生公平受录用权。对于用人单位与毕业生签订不符合有关规定的就业协议，学校有权不予同意，未经学校同意的就业协议不发生法律效力，不能作为编制就业计划的依据。

（3）毕业生自我保护。毕业生权益保护的一个重要方面就是毕业生自我保护，毕业生自我保护体现在以下三方面。

①毕业生应了解目前国家关于毕业生就业的有关方针、政策和规范以及它们之间的关

系，熟悉毕业生在就业过程中的权利和义务，这是毕业生权益自我保护的前提。如果在就业过程中因为所谓的公司规定或部门规定与国家政策法规有抵触，侵犯了自己的权益，则可以依据法规办事，维护自己的合法权益。

②毕业生应自觉遵循有关就业规范，接受其制约，保证自己的就业行为不违反就业规范，不侵犯其他毕业生的合法权益。

毕业生如有下列情形之一，由学校报地方主管毕业生调配部门批准，不再负责其就业，在其向学校缴纳全部培养费和奖助学金后，由学校将其户籍关系和档案转至户籍所在地，按社会待业人员处理：不顾国家需要，坚持个人无理要求，经多方教育仍无法协调；自派遣之日起，无正当理由超过三个月不去就业单位报到的；报到后拒不服从安排或提出无理要求被用人单位退回的；其他违反毕业生就业规定的。

③在用人单位接收毕业生的过程中，毕业生也应对自身权益进行自我保护。例如，按照国家规定毕业生在报到后应享受正常的福利待遇如养老金、公积金等；对某些工作岗位的特殊体质要求，用人单位应在与毕业生双向选择时就明确，否则不得以单位体检不合格为由，比如肝功能表面抗原阳性等将学生退回学校；另外，正常的人才流动也应根据国家和当地的有关人才流动规定，不应受到限制；报到后毕业生发生疾病不能坚持正常工作的，则按单位在职人员有关规定处理，不能退回学校，毕业生应对自己的权利有正确认识。

毕业生应学会运用法律手段维护自身的合法权益。针对侵犯自身就业权益的行为，毕业生有权向用人单位上级主管部门和学校进行申诉并听取他们的处理意见，同时也可提交给当地的劳动争议仲裁机构进行调解和仲裁，也可以直接向人民法院提起诉讼。

6.2.2 就业过程中常见的侵权及违法行为

在网上对职业院校学生就业权益保护问题进行的调查，结果显示，有74%的求职者遭遇过正当权益被侵害事件。北京某知名大学一项关于职业院校学生就业状况的调查显示，将近40%的职业院校学生在就业过程中受到不同程度的伤害，即使在合法权益受到侵害时，选择各种途径维权的也仅占 13.9%，而选择忍气吞声者占 86.1%。随着就业压力和社会竞争的不断加剧，职业院校学生的权益受损问题将呈现上升趋势。

此外，我国职业院校毕业生就业面临的非公平性竞争现象比较严重。在中国的就业市场上，许多招聘信息含有歧视性条款，包括年龄歧视、性别歧视、学历歧视、户籍歧视、地域歧视乃至身体歧视等。凡此种种都是对职业院校学生就业权益的公然侵犯和蔑视。职业院校学生就业权益保护问题已经不是个别群体的小概率事件，也不是单纯依靠道德或舆论力量就可化解的问题，而是一个正在引发社会广泛人群关注的严重社会问题。

1. 案例一

某职业院校毕业生小王（化名），参加人才招聘会后幸运地得到了一次面试机会，虽然公司不大，但是小王来自农村，毕业就要偿还助学贷款，能找到一份工作还贷是当务之急，所以他如约而去。经过面试他被录取了，但是公司要试用三个月，交押金 500 元。小王尽管心有余悸，但是考虑到工作不易找，他还是交了押金。他认认真真地工作，希望顺利通过试用。由于工作努力、有成效，部门主管表扬了他。他很高兴，认为这样留下的可能性大了。然而两个月后，小王突然被告之：他被解雇了，试用期工资按正式的一半发，一共 800 元。他想不通，部门经理告诉他，由于失误，他使得公司损失了一笔大订单。可是小王压根就不知道所谓的“大订单”从何而来，经理说，这是商业秘密。于是小王想要回押金，经理却说押金作为对公司的赔偿。小王越想越气，却不知道该怎么办。明明是被公司当作廉价劳动力使用，却还背了个工作失误的名誉。可是，他也没有办法。

这个案例是职业院校学生在就业时经常会碰到的。当前企业竞争压力同样大，为了节约成本，不少不正规的企业瞄上了初入社会的职业院校学生，把职业院校学生当作廉价劳动力。缺乏社会经验的职业院校学生很容易就掉入了不良企业的圈套。因此，职业院校学生在就业时，应该签订劳动合同，将各自的权利义务在合同中写明，日后才不会出现没有凭据，而无处说理的尴尬境地。

2. 案例二

某财经学院的季萍（化名）同学收到一家保险公司的复试通知，这让她十分欣喜。但是该公司接下来提出的要求又让她十分犹豫：该公司要求她在面试时交 100 元培训费，180 元考试费，如果她愿意的话，还可以再交 20 元就可以将考卷买回家提前做好上交。应聘怎么还要交这么多钱？到底该不该去？想到这家公司的待遇还可以，如果放弃了就太可惜了，季萍陷入两难的境地。

这个案例也很典型，以诸如培训费、考试费、服装费，资料费等名目向求职者收取费用，绝大多数都是虚假、骗钱的招数。作为刚毕业的职业院校学生，本身并不宽裕，动辄几百元的费用让人负担不起。所以，千万要警惕：交费越多的用人单位越不可靠。这点可以从大型跨国企业和知名国企的招聘中看出，真正看中人才的用人单位，不会向求职者收取费用。

3. 案例三

花晓明（化名）是某传媒学院新闻专业的高职毕业生。暑假时他在一家规模较大的报社实习，由于表现出色，实习结束时他被报社录取。毕业后不久，他便在这家报社上班了。报社说要再过两个月为他办理相关手续，花晓明表示同意，毕竟工作难得。尽管签订了劳动合同，花晓明仍未正式进入报社。慢慢地他了解到，自己和同岗位的同事比，工资是他们的 60%，而且由于手续问题单位一直拖着不给他办，他现在还没有上社会保险。同事告诉他，一年之后才会有，不要急。花晓明对此心里很不踏实。

可以看出，花晓明对就业权益实际上有了初步的法律意识，但是，对如何解决类似事情、有哪些途径可以解决仍然不清楚。其实，花晓明可以采取的途径有：其一，首先要和领导协商，不是大吵大闹，也不是质问领导，而是讲明自己的困难，征求意见，请领导考虑，态度要好，毕竟一份好工作很难找。如果领导通情达理，事情就好办了；如果单位本来不是很想留用你，迟早都要走人，说开了也好。其二，如果不想给自己找麻烦，还可以向劳动监察部门匿名举报其违规行为。其三，通过学校的就业指导中心以学校的名义过问一下。应该说，学校并非是干预，而是为学生考虑，用人单位一般不会轻视，督促作用还是有的。总之，像花晓明这样遇到还不错的单位时，不要轻易用过激的行为。

以上这三个案例是毕业生找工作时经常会碰到的情况。通过分析，希望能使毕业生提高维权意识，并结合具体情况妥善地解决问题。

6.2.3 就业权益保护的方法与途径

职业院校学生要主动学习有关就业权益保护的法律知识，运用法律武器保护自己的合法权益。

1. 学习《劳动合同法》

2013 年 7 月 1 日起施行的《劳动合同法》对于求职中的职业院校学生有哪些适用条款？当前大学毕业生求职中有哪些法律问题？

《劳动合同法》的立法相对于《劳动法》，创新主要有以下三个方面。

① 对约定“试用期”的限制。一些用人单位多次约定试用期、延长试用期的做法严重侵害了劳动者的合法权益。首先，《劳动合同法》对劳动合同试用期的前提条件进行了限制，不再是现行的任意性选择，即建立任何种类劳动关系、在任何岗位和任何劳动合同期限均可约定试用期，而必须是劳动合同期限在 3 个月以上的，且依据工作岗位的不同而约定不同的试用期限。其次，明确规定了试用期包括在劳动合同期限内，从而能够有效地防止以试用为名损害劳动者权益的事态发生。最后，限定同一用人单位与同一劳动者只能约定一次试用期，从根本上杜绝了重复约定试用期等不良现象的发生。同时，整个条文也明确了劳动合同中的试用期只是约定条款，即试用期在劳动合同中的有无必须以事先的明确约定为前提，而不能将试用期视为在劳动合同中的当然存在，可以随时按其所需地适用条款。

② 规定用人单位在劳动合同终止时支付经济补偿金。虽然法律不能限定劳动合同的最短期限，但法律可以严格限制用人单位解除劳动合同的权利，同样也可以加重用人单位终止劳动合同的法律责任。

③ 规定用人单位的缔约责任和合同义务是为了强化用人单位在劳动合同签订中的法律责任。《劳动合同法》规定了用人单位的告知义务，要求其如实告知劳动者工作内容、工作条件、工作地点、职业危害、安全生产状况、劳动报酬，以及劳动者希望了解的其他与订立和履行劳动合同直接相关的情况。《劳动合同法》规定了劳动合同文本应当载明包括劳动报酬、工作内容和工作地点等事项。这些规定，从签订劳动合同前的明确告知，到劳动合同文本的提供责任、签订后劳动合同的归属，进而延伸至有劳动关系无劳动合同的法律后果，劳动合同内容中事关劳动者基本权利的法定标准都体现出对劳动者合法权益的切实保障，为解决当前在劳动合同签订中存在的突出问题进行了有效的法律规制。

2. 就业协议与劳动合同的签订

① 就业协议经供需见面和双向选择后，学生若被企业（公司）录用，学生愿意到该企业（公司）顶岗（就业）实习，毕业生、用人单位和学校应当签订毕业生就业协议书，作为制定就业计划和派遣的依据。未经学校同意，毕业生擅自签订的协议无效。《协议书》是

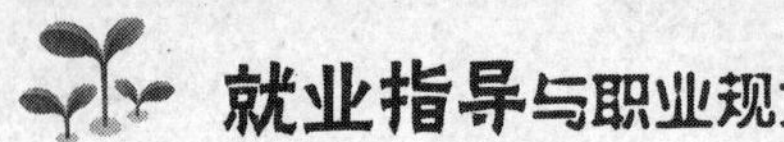

毕业生和用人单位关于将来就业意向的初步约定，即具有一定的法律效应，是将来可能发生违约情况时的判断依据。

这里要说明的是，就业协议与劳动合同是有区别的。就业协议适用于应届毕业生与用人单位、学校三方之间，学校是就业协议的鉴证方或签约方，就业协议对用人单位的性质没有规定，适用任何单位；而劳动合同只适用于劳动者（含应届毕业生）与用人单位。

毕业生就业协议的内容主要是毕业生如实介绍自身情况，并表示愿意到用人单位就业，用人单位表示愿意接受毕业生，学校同意推荐毕业生并列入就业方案，而不涉及毕业生到用人单位报到后应享有的权利和义务。劳动合同的内容涉及劳动报酬、劳动保护、工作内容、劳动纪律等方方面面，更为具体，劳动权利和义务更为明确。

一般来说，就业协议应在毕业生就业之前签订，而劳动合同往往在毕业生到用人单位报到后才签订。

工作地点、岗位、服务期限、违约金、养老金、公积金等国家规定的正常福利待遇等问题与用人单位商定后，最好在就业协议中标明。今后一旦发生劳动纠纷，这些都是劳动争议的判定依据。用人单位、毕业生、学校三方签订就业协议后，任何一方不得擅自毁约。如用人单位无故解约，毕业生有权要求对方履行就业协议，否则应承担违约责任。

就业协议发生争议，除根据协议本身内容之外，主要依据现有的毕业生就业政策和法律对合同的一般规定来加以解决，尚没有专门的一部分法律对毕业生就业协议加以调整。而劳动合同发生争议，应依据《劳动合同法》来处理。

② 在选择工作的时候，首先，劳动合同要确认其应聘的单位为合法企业，有合法的工商营业执照。另外，正规的公司招聘是不会以任何理由收取各种形式的费用的。

其次，在用人单位确定聘用的当天，双方要签订劳动合同，保障双方的权益。劳动合同要依法规定员工的工资、工作时间、工作环境等内容，同时，合同也要依法包括社保、住房公积金等相关员工福利。现时的劳动合同有两种，一种是全日制员工所签订的劳动合同，另外一种是非全日制劳动合同。值得注意的是，兼职的同学也可以与用人单位签订非全日制劳动合同以维护合法权益。

最后，如果学生发现其合法的劳动权益受到侵害，发现用人单位违反了当初所签订的劳动合同，学生可以在获悉受害的60日内向当地的劳动部门提出仲裁，以维护其合法权益。

3. 社会保险的有关知识

很多毕业生对“社会保险”了解甚微。“社会保险”主要包括养老保险、失业保险、医疗保险、工伤保障和生育保险等项目。如果毕业生到国家机关、国有企事业单位工作，一般单位均会给予解决。如果毕业生到私营企业、民营机构或被聘用到不占其行政编制的机关企事业单位，就需要向用人单位提出社会保险问题，至少要参加“基本养老保险”和“大病医疗保险”；用人单位不为员工办“基本养老保险”是违反《劳动合同法》的。部分用人单位薪酬较高，建议雇员以个人名义参保，毕业生应主动参加。

6.3 违约责任与劳动争议

职业院校毕业生在择业过程中，与用人单位签订就业协议书、劳动合同等法律文件后，如何维护自己的合法权利，发生争议如何处理，都是职业院校学生普遍关心的问题。本节主要论述职业院校学生关于就业协议、劳动合同的争议解决办法。

6.3.1 就业协议争议解决办法

目前，关于职业院校毕业生就业协议争议问题时有发生，国家和各省还没有明确的就业法律规定。在实践中通常引起就业协议争议的主体是毕业生和用人单位。解决就业协议争议的主要办法有以下几种。

① 毕业生与用人单位协商解决。这种办法适用于因毕业生的个人原因引起的就业协议争议，毕业生出面向用人单位赔礼道歉，说明情况，赢得用人单位的理解和谅解，经双方协商达成新的意向。

② 由学校出面或由当地省级毕业生就业主管部门与用人单位进行调解。这种办法大多适合于因用人单位引起的就业协议争议，由学校或行政部门介入，针对纠纷予以调解，取得双方的基本满意。

③ 对协商调解不成的，毕业生可直接向人民法院起诉，由人民法院依法裁决。

6.3.2 劳动争议处理的法律规定

《劳动法》指的劳动争议，是指中国境内的企业与职工之间的下列劳动争议：一是因企业开除、除名、辞退职工和职工辞职、自动离职发生的争议；二是因执行国家有关工资、保险、福利、培训、劳动保护的规定发生的争议；三是因履行劳动合同发生的争议；四是法律、法规规定应当依照“企业劳动争议处理条例”处理的其他劳动争议。

劳动争议发生后，当事人可向本单位劳动争议调解委员会申请调解；调解不成，当事人一方要求仲裁的，可向当地的劳动争议仲裁委员会申请仲裁。当事人一方也可在60日内直接向劳动争议仲裁委员会申请仲裁。对仲裁裁决不服的，可以向人民法院提起诉讼。如果超过了法定期限60日内，专家建议，当事人仍可向仲裁委员会申请仲裁，仲裁委员会作出“驳回”的裁决后，再凭这个“驳回”，向人民法院提起诉讼。

处理劳动争议一般来说要明确以下问题。

1. 确定劳动争议发生之日

《关于贯彻执行〈中华人民共和国劳动法〉若干问题的意见》（以下简称《意见》）第85条对《劳动法》第82条中的“劳动争议之日”作了规定，即“劳动争议之日是指当事人知道或者应当知道其权利被侵害之日”，如何理解该条款“劳动争议发生之日”的真实内涵，直接关系到劳动者的合法权益能否得到法律的保护。

劳动争议是指劳动关系当事人即用人单位与劳动者之间，因实现劳动权利、履行劳动义务而发生的纠纷，又称劳动纠纷。如果劳动者权益被实际侵害，但劳动者不知或一段时间后才知晓，则“劳动争议之日是指当事人知道或者应当知道其权利被侵害之日”，显然明示了这样几点，一是权利被侵害之日与劳动争议之日是不同的概念，权利被侵害并不意味着劳动争议的事实发生或一定发生；二是先有权利被侵害之日，而后才存在劳动争议发生之日；三是权利被实际侵害不能推论或视为“当事人知道或者应当知道”。将劳动争议发生之日理解为权利被侵害之日，或者将权利被侵害之日视为当事人知道或者应当知道权利被侵害之日，都是违背劳动法的立法精神的。

2. 劳动争议处理的程序

《劳动法》第77条规定：“用人单位与劳动者发生劳动争议，当事人可以依法申请调解、仲裁、提起诉讼，也可以协商解决”，由此可见劳动争议处理程序分为4个阶段。

（1）协商。劳动争议发生后，当事人应首先进行协商，协商一致后，双方可达成和解协议，但和解协议无必须履行的法律效力，而是由双方当事人自觉履行。协商不是处理劳动争议的必经程序，当事人不愿协商或协商不成，可以向本单位劳动争议调解委员会申请调解或向劳动争议仲裁委员会申请仲裁。

（2）调解。劳动争议发生后，当事人双方愿意调解的，可以书面或口头形式向调解委员会申请调解，调解委员会接到调解申请后，可依据自愿、合法原则进行调解。调解委员会调解劳动争议，应当自当事人申请调解之日起30日内结束；到期未结束的，视为调解不成，当事人可以向当地劳动争议仲裁委员会申请仲裁。经调解达成协议的，制作调解书，双方当事人自觉履行。

调解不是劳动争议解决的必经程序，调解协议也无必须履行的法律效力。当事人不愿调解或调解不成，可直接向劳动争议仲裁委员会申请仲裁。

从当事人向企业劳动争议调解委员会提出申请调解之日起，仲裁申诉时效中止，中止期间最长不得超过30日。结束调解之日起，当事人的仲裁申诉时效继续计算。调解超过30日的，仲裁申诉时效从30日之后的第一天继续计算。

（3）仲裁。劳动争议发生后，当事人任何一方都可直接向劳动争议仲裁委员会申请仲裁。提出仲裁要求的一方应当自劳动争议发生之日起60日内向劳动争议仲裁委员会提出书面申请。劳动争议仲裁委员会接到仲裁申请后，应当在7日内作出是否受理的决定。受理后，应当在收到仲裁申请的60日内作出仲裁裁决。仲裁委员会可依法进行调解，经调解达成协议的，制作仲裁调解书。仲裁调解书具有法律效力，自送达之日起具有法律约束力，当事人必须自觉履行，一方当事人不履行的，另一方当事人可向人民法院申请强制执行。

当事人申请仲裁的时效为60日，当事人应当从知道或应当知道其权利被侵害之日起60日内，以书面形式向仲裁委员会提出申请仲裁。当事人因不可抗力或者其他正当理由超过这一规定的申请仲裁时效的，仲裁委员会应当受理，时效起点是从劳动争议发生之日起计算。

当事人对劳动争议仲裁委员会作出的仲裁裁决不服的，可在收到仲裁裁决书的 15 日内向人民法院提起诉讼。逾期不起诉，仲裁裁决即发生法律效力，当事人必须自觉履行，一方当事人不履行的，另一方当事人可向人民法院申请强制执行。

职工一方在 30 人以上的集体劳动争议适用特别程序。仲裁委员会处理职工一方人数在 30 人以上的集体劳动争议案件，应当组成特别仲裁庭进行仲裁。特别仲裁庭由 3 名以上仲裁员单数组成。

（4）诉讼。诉讼程序是处理劳动争议的最后一道程序。以我国《劳动法》及《劳动部办公厅关于处理劳动争议案件若干政策性问题的复函》规定，当事人对仲裁裁决不服的，自收到裁决书之日起 15 日内，可以向人民法院起诉；期满不起诉的，裁决书即发生法律效力，即未经仲裁的劳动争议，法院将拒绝受理。

劳动争议案件由人民法院民事审判庭审理。依据《中华人民共和国民事诉讼法》（以下简称《民事诉讼法》）的规定，人民法院适用普通程序审理的民事案件，应当在立案之日起 6 个月内审结。有特殊情况需要延长的，由本院院长批准，可以延长 6 个月；还需要延长的，报请上级人民法院批准。依据《民事诉讼法》当事人若不服地方人民法院第一审判决的，有权在判决书送达之日起 15 日内向上一级人民法院提起上诉。当事人不服地方人民法院第一审裁定的，有权在裁定书送达之日起 10 日内向上一级人民法院提起上诉。

3. *劳动争议案件的管辖*

劳动争议案件由用人单位所在地或者劳动合同履行地的基层人民法院管辖。劳动合同履行地不明确的，由用人单位所在地的基层人民法院管辖。

思 考 题

（1）职业院校毕业生常见的求职心理障碍有哪些？如何预防？

（2）求职过程中，如何进行积极的心理调适？

（3）职业院校学生就业权益的主要内容有哪些？

（4）职业院校学生签约后违约要承担什么责任？如何处理劳动争议？

（5）如何防范求职中的不安全因素？

（6）就业协议与劳动合同有什么区别与联系？

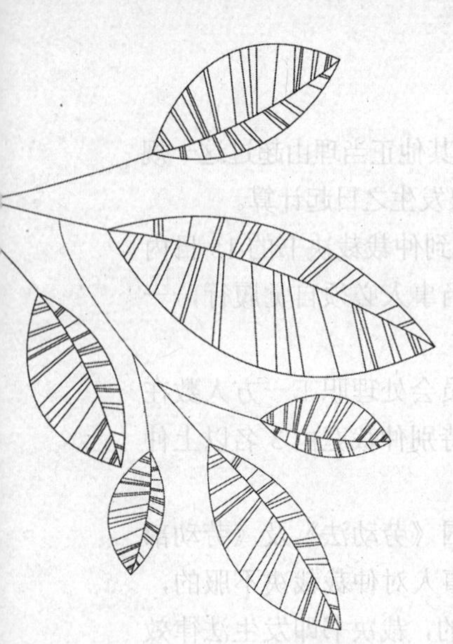

第7章　工作中应注意的问题

职业道德包含着对祖国、社会、人民的无限的爱和神圣的义务，有崇高职业道德的人，无论在什么地方，在什么平凡的岗位上，都能爱业、敬业、乐业、勤业，全心全意为人民服务，兢兢业业为国家、社会和人民无私奉献。本章主要介绍社会主义职业道德的主要内容和基本要求。

7.1　职业化与职业发展

在21世纪，职业化是一个国家、一个组织乃至个人的第一竞争力，没有职业化做基础，其他的能力都是空谈。我国的职业化训练比较滞后，许多刚毕业的职业院校学生不知走了多少弯路，也没有取到职场制胜的真经。因此，系统的职业化训练迫在眉睫。

7.1.1　职业化的概念

简单来讲，职业化就是一种工作状态的标准化、规范化、制度化，即在合适的时间、合适的地点，用合适的方式，说合适的话，做合适的事。对职业院校学生来讲，就是培养职业兴趣，挖掘自身潜能，炼就心理素质，教会他们面试技巧和常识，使他们尽快从学生状态变为企业心态，为顺利就业打下坚实的基础。

职业人就是参与社会分工，自身具备一定的专业知识、技能和素质等，并能够通过为社会创造物质财富和精神财富，而获得其合理报酬，在满足自我精神需求和物质需求的同时，实现自我价值最大

化的这样的一类群体。用我们的话说，就是“干什么像什么”。

7.1.2 职业生涯发展的影响因素

影响职业生涯发展的因素是多方面的，有个人素质、心理等主观方面的问题，也有社会环境、机遇等客观方面的问题，他们相互关联、相互依靠，好比房子周围支撑篱笆的棒柱，假如你移动其中的一根，整道篱笆就会改变形状。因此在进行职业生涯设计时要仔细考虑影响自己职业生涯的6个因素，如图7-1所示。

图7-1　生涯发展6个影响因素

1. 身心状况

身心状况就是个人的身体和心理状况与职业对其要求的特点是否适当的问题。身心健康对于职业选择特别重要，几乎所有的职业都需要健康的身心。不仅如此，职业适应也与身心状况有内在的关系，有的职业要求视力、身高、体重；有的职业要求反应敏捷；有的职业要求耐心、细心；有的职业与物打交道多，有的职业与人打交道多；有的职业需要不断创新；有的职业需要不断地重复按程序操作等。

2. 受教育程度

教育是赋予一个人才能，塑造人格，从而促进个人发展的活动。获得不同教育程度的人，在个人职业选择或被选择时，具有不同能量。一般来说，接受过较高水平教育的人，在就业以后会有较大的发展；在职业不如意时，再次进行职业选择的能力和竞争力也较强。另外，人们所接受教育的专业、学科门类、对职业生涯起着决定性作用。人们在选择职业、转换职业时往往与所学的专业有一定的联系，或以该专业的理论知识、技术能力为基础，流动到更高层次的职业岗位上。因此，职业的发展程度受正规教育或专业培训的影响，教育程度是事业成功中不可缺少的因素。凡是社会阶层高过其父母所属阶层的人都觉得，教育是改变社会地位的主要动力，但是对大多数的职业而言却未必尽然，现实中雇主往往对录用者能干什么有更大的兴趣，而不只注意他们所具备的教育资格。一般来说，他们要找的是既受过正规教育，又具备某些具有发展潜力的人。

3. 家庭负担

这是对别人（多为家人或朋友）、对社会所承担的义务。事实上，有些毕业生由于家庭负担过重，而不得不考虑现实利益，放弃自己的理想职业，而从事较为现实的职业，但也有人待条件成熟后再去选择理想的职业。如某职业院校中文系的毕业生谈到，从跨入校门的那天起便立志成为一名记者，但最后在毕业生就业协议书上签下的不是某某报社，而是一家企业。在收起协议书的一刻，他感慨万千：“我没有冒险的资本，我不能那么自私，只为我自己潇洒而不考虑家人，一份高薪稳定的工作对我来说比较合适，至少在最近几年是应该如此。也许有一天，当我还有那份痴迷和激情时，而我又找到更好的起点时，我还会重新选择”。

4. 性别

虽然男女平等的观念已普遍被现代社会所接受，但“性别因素”仍然扮演着重要的角色。事实上，很少有人能完全漠视性别问题。男性与女性生理上的差别，在择业和适应职业上会形成自然差别，在择业价值观上也会根据生理条件而形成差别。因此，由于性别的原因，在职业生涯规划上也形成不同的特点。

5. 社会环境

主要是指社会的政治、经济体制、人才市场的管理体制、社会文化习俗、职业的社会评价等。社会环境因素决定了社会对社会职业岗位的数量、结构、层次等，决定了人们对不同职业岗位的接受、赞誉或贬低的程度，决定了个人步入职业生涯的基本方式、开始职业生涯后的基本态度以及由此引起的个人职业生涯的变化。比如，在计划经济和市场经济条件下，国家对职业院校毕业生就业的管理方式是截然不同的。在计划经济体制下，国家对职业院校学生进行统包统配，毕业生和用人单位均无自主权可言；在市场经济条件下，随着职业院校教育体制改革的不断深入，我国职业院校普遍建立了在国家方针政策和宏观调控下，学校和各级政府推荐，学生和用人单位双向选择的毕业生就业工作模式，用人单位和职业院校毕业生都有了选择的自主权。

6. 机遇

机遇是影响职业生涯的偶然因素，但是对个人的职业生涯而言，有时又具有决定性的作用。机遇是随机出现的、具有偶然性因素的事物，它包括社会各种职业对一个人展示的随机性的岗位，或者说是一个人能够就业和流动的各种职业岗位，也包括能够给个人提供发展的职业境遇。机遇本身是客观存在的，但机遇只垂青那些有准备的人，许多事业上成功的人，不是靠家庭、亲友的帮助，也不依赖社会给予的现成机会，而是靠自己的努力奋斗和开拓进取。

7.1.3 职业决策的基本原则

人生的设计中，最为重要的部分在于对从事职业及职业生涯的设计。因为，职业生涯是人一生活动中的鼎盛阶段，最能体现和发挥创造及存在的价值。对于即将毕业、走向社会的职业院校学生，恰当的择业决策意味着成功职业生涯的开始，而失误的择业决策意味着未来的职业生活中可能潜伏了危机。所以，初次的择业决策十分重要，但这又只是一生事业曲线的开端，它还要经过多次的修正，才能达到人生设计中的“峰值”，一般要遵从以下几项原则（见图 7-2）。

1. 择己所爱

兴趣是最好的老师，是成功之母，从事一项你所喜欢的工作，工作本身就能给你一种满足感，你的职业生涯也会从此变得妙趣横生。调查表明，兴趣与成功概率有着明显的正相关性。在设计自己的职业生涯时，务必注意考虑自己的特点，珍惜自己的兴趣，择己所爱，选择自己所喜欢的职业。

图 7-2　职业决策的基本原则

2. 择己所长

任何职业都要求从业者掌握一定的技能，具备一定的能力条件，然而人一生中不能将所有技能都掌握。因此你必须在进行职业选择时择己所长，从而有利于发挥自己的优势。实际操作中可运用比较优势原理分析别人与自己，尽量选择冲突较少的优势行业。

3. 择世所需

社会的需求不断演化着，旧的需求不断消失，新的需求不断产生，新的职业也不断产生。因此，在设计自己的职业生涯时，一定要分析社会需求。最重要的是目光要长远，能准确预测未来行业或者职业发展方向，再做出选择。

4. 择己所利

职业是个人谋生的手段，其目的在于追求个人幸福。在择业时，首先考虑的是自己的预期收益——个人幸福最大化。明智的选择是在由收入、社会地位、成就感和工作付出等变量组成的函数中找出一个最大值，这就是选择职业生涯中的收益最大化原则。

重要提示

“知人者智，自知者明。”只要充分认识到自己的优势，以己之长胜人之短，成功的主动权就会牢牢掌握在自己手里。

7.2　职业道德的概述

职业道德是从业人员在职业活动中应遵守的行为准则，涵盖了从业人员与服务对象、职业与员工、职业与职业之间的关系，是各行各业职业岗位对从业者职业行为的客观要求，是从业者取得事业成功的重要保证。

7.2.1 职业道德的内涵特征

人们长期从事某种职业活动、通过职业训练逐渐养成了特定的职业心理、职业习惯和职业责任心、荣誉感，从而也就形成了职业道德。

1. 职业道德的定义

职业道德是职业活动的产物，是指在一定的社会经济关系中，从事各种不同职业的人在其特定职业活动中应遵循的职业行为规范的总和。它是从业者在职业活动范围内应当遵守的与其职业活动相适应的行为规范，也是社会道德基本要求在不同职业活动中所表现出的特定行为规范。职业道德的内容丰富，有多种要素构成，对从业人员来说，它主要体现在职业理想、职业态度、职业义务、职业纪律、职业良心、职业荣誉、职业作风和职业技能等方面，如图 7-3 所示。

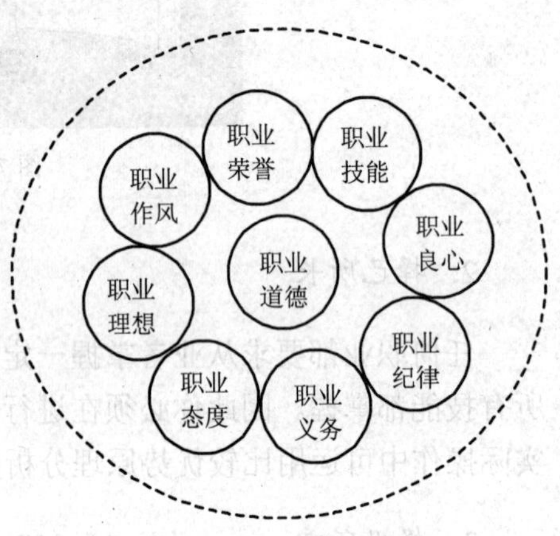

图 7-3 职业道德的内容

（1）职业理想。职业理想是人们对职业活动最佳目标的追求和向往，是人们的世界观、人生观、价值观在职业活动奋斗目标上的集中体现。它是形成职业态度的基础，是实现职业目标的核心动力。

（2）职业态度。职业态度是人们在一定社会环境的影响下，通过职业活动和自身体验所形成的对岗位工作相对稳定的劳动态度和心理倾向。它是从业者精神境界、职业素质的重要体现。

（3）职业义务。职业义务是人们在职业活动中自觉地履行对他人、社会应尽的职业责任。

（4）职业纪律。职业纪律是从业者在岗位工作中必须遵守的规章、制度、条例等职业行为规范，是从业者做好本职工作的必要条件。

（5）职业良心。职业良心是从业者在履行职业义务中所形成的对职业责任的主观意识和评价能力，是从业者依据自己必须履行的道德要求，对自身的行为动机进行自我检查、对行为活动进行自我监督，对活动结果进行自我评价的能力。

（6）职业荣誉。职业荣誉是社会对从业者职业道德行为的价值所作出的褒奖和客观评价，以及从业者在主观认识上对自己职业道德行为的一种自尊、自爱的荣辱意向。

（7）职业作风。职业作风是从业者在职业活动中表现出来的相对稳定的工作态度和职业风范。从业者在职业岗位中表现出来的尽职尽责、奋力拼搏、艰苦奋斗的作风等，都属于职业作风的范畴。它是一种无形的精神力量，对从业人员取得事业的成功具有重要作用。

（8）职业技能。职业技能是从业者从事职业劳动和完成岗位工作应该具有的业务素质，包括职业知识、职业技术和职业能力。职业技能是展示职业道德素质的重要平台。

2. 职业道德的特征

作为职业行为准则之一，职业道德在职业活动中起着重要的作用，并具有鲜明特征。

（1）行业性。行业之间存在差异，各行各业都有特殊的职业道德要求。教育行业对教师的职业道德要求是“教书育人，为人师表”，“传道、授业、解惑”；医务行业对医生的职业道德要求是“救死扶伤、治病救人”等。因而职业道德具有鲜明的行业性特征。

（2）适用范围有限性。一方面，职业道德一般只适用于走上职业岗位的成年人；另一方面，在某一特定的行业和具体的岗位上，必须有与该行业和该岗位相适应的具体的职业道德规范。这些特定的规范只在特定的职业范围内起作用，只能对从事该行业和该岗位的从业人员的行为起到约束作用，而不能用以约束他人。可见，职业道德的适用范围不是普遍的，而是特定的、有限的。

（3）表现形式多样性。职业领域的多样性，决定了职业道德表现形式的多样性。首先，受社会分工的影响，职业道德的存在和表现形式必然是多样的。经济的高速发展促使社会分工越来越细，越来越专，与之对应，职业道德的内容也必然千差万别。其次，各行各业为了使职业道德在实践操作层面上更具针对性和实效性，都根据自己的行业特点，归纳整理出适应本行业的行业公约、规章制度、员工守则、行为须知、岗位职责等，将职业道德的基本要求规范化、具体化、通俗化，从而使得职业道德在形式上也表现出极其丰富的多样性特征。

（4）一定的强制性。职业道德除了通过传统习惯、社会舆论和从业人员的内心信念对从业人员的职业行为进行调节之外，它的另一个最重要特征就是与职业责任和职业纪律紧密相连，具有一定的强制性。当从业人员违反了具有一定法律效力的职业章程、职业合同、职业责任、操作规程等，给企业和社会带来损失或危害时，职业道德就将用其具体的评价标准，对违规者进行处罚。

（5）相对稳定性。职业道德与职业密切相关，职业的相对稳定性，决定了职业道德也具有相对的稳定性，只要一定的职业连续存在下去，与这一职业相适应的职业道德就会延续并存在下去。如商业行业“童叟无欺”的职业道德、医务行业“救死扶伤、治病救人”的职业道德等，千百年来为从事相关行业的人员所传承和遵守。

（6）利益关联性。当一些企业通用的职业道德规范，如爱岗敬业、诚实守信、团结互助、勤劳节俭等纳入具体操作层面时，企业一般都要将它与自身的行业特点、要求紧密结合在一起，变成更加具体、明确、严格的岗位责任或岗位要求，并制定出相应的奖励和处罚措施，与从业人员的利益挂钩，强调责、权、利的有机统一，便于对工作进行监督、检查、评估，有利于促进从业人员更好地履行自己的职业责任和义务。

社会主义职业道德有相对独立的规范体系。在以公有制为主体的社会主义社会，人们拥有共同的利益，党和政府、企业以及全社会的每一个成员都非常关心职业道德，全社会都迫切要求提高社会职业道德的水平。在这种情况下，全社会共同的职业道德规范就形成了。《中共中央关于加强社会主义精神文明建设若干重要问题的决议》规定了我们各行各业都应共同遵守的职业道德五项基本原则，即“爱岗敬业、诚实守信、办事公道、服务群众、奉献社会”。为人民服务就是社会主义职业道德的核心规范，它是贯穿于全社会共同职业规范之中的基本精神。

阅读材料

警察职业道德

人民警察是无产阶级专政的重要工具之一，主要任务是保护人民，惩罚犯罪，打击敌人，维护社会治安。其职业道德的主要内容是：

（1）热爱社会主义祖国，热爱党，坚定地站在人民利益的立场上，忠实地履行党和人民赋予的职责，敢于同一切制造动乱、扰乱社会治安、破坏现代化建设，危害人民利益的各种违法犯罪分子进行坚决的斗争。

（2）实事求是，一切从实际出发，重视调查研究，处理案件不捕风捉影，主观臆断；分清敌我，明辨是非，不伤害好人；忠于事实真相，光明磊落，有了错误不推卸责任。

（3）模范执行党的方针、政策、严守工作纪律，倾听群众意见，接受群众监督，不利用职权拉关系、谋私利，不徇私枉法。

（4）坚持法律面前人人平等的原则，不畏权势，不徇私情，刚正不阿，秉公执法。

（5）以身作则，带头守法，严格要求自己，模范遵守社会公德，为人民做出表率。

警察职业道德面貌的好坏，不仅直接关系到人民群众的切身利益，而且直接关系到党的威望、国家的声誉和专政机关的尊严。人民警察应自觉按照职业的特殊道德要求，为社会主义现代化建设作出应有的贡献。

资料来源：百度百科 http://baike.baidu.com

7.2.2 职业道德的意义作用

职业道德具有重要的社会功能，它通过职业理想、职业价值观、职业态度、职业良心等来引导和规范企业与从业人员的职业意识和职业行为。职业道德的意义作用表现如下。

1. 职业道德是人们在职场立足的基础

职业道德在人的生存与发展过程中发挥着重要而积极的作用，是个人安身立命于职场的思想基础。

人的生存发展所需的各种物质条件，以及其道德品质的形成和培养，与他在职业活动中的实践是分不开的。一个人能否立足于职场而获得长久的生存和发展，常常不在于他是否具有优越的客观条件，而在于是否具备和遵守从事某一项职业而必须的职业道德，职业道德层次的高低，直接影响到个人能否胜任本职工作。而一个职业人能否做好本职工作，也取决于他是否热爱所从事的职业，是否有工作热情，是否有克服一切困难做好本职工作的坚定意志，是否有全心全意服务于他人和社会的信念，是否有良好的职业道德行为。

可见，良好的职业道德修养是做好本职工作的保证，也是人们在职场立足的基础。

2. 职业道德是个人事业成功的保证

现代社会，职业道德在人们的事业中所起的作用越来越突出。现代成功学的研究表明：一个人事业的成功，20%取决于专业技能，80%取决于职业精神品质。职业精神品质包括敬业、诚信、勤俭、公正、团队协作、创新和奉献等内容，它对促进从业人员做好本职工作、实现职业理想具有重要的推动作用。

职业理想是指人们对自己未来职业的选择及对与此相关的人生价值的向往与追求。在人的成长过程中，在社会环境的影响下，个人随着知识水平和爱好兴趣的发展，会逐步培养起对某种职业的爱好，并在此基础上形成一定的职业理想。

职业理想包括初级、中级和高级 3 个层次。

（1）初级层次的职业理想是指人们对未来职业的期待，主要基于提高物质水平的考虑。在现阶段生产力水平下，劳动还只是人们谋生的手段，远没有达到共产主义社会那种“劳动是人的第一需要”的程度，因此，对大部分人来说，其工作目的首先是为了维持自己和家庭的生存，过安定的生活，这是人对职业的最初动机、最低要求，是职业理想的基本层次。

（2）中级层次的职业理想是指人们希望未来的职业或工作能够适合个人的能力和爱好，充分发挥并提高自己的各种素质，即希望寻求和从事能够发挥专长的职业。其主要目的是通过特定的职业，施展个人的才智，其基本特征是注重职业与自身兴趣、爱好之间的关系，注重将个人兴趣与职业发展紧密联系起来，属于职业理想的中间层次。

（3）高级层次的职业理想是指人们工作的目的是承担社会义务，通过社会分工把自己的职业与为社会、为他人服务联系起来，与人类的前途和命运联系起来。这种职业理想，通常与个人的社会理想相联系，基本特征是注重职业的社会价值，不仅注重个人在职业活动中对社会作出的贡献，在贡献中实现自己的人生价值和人格完善，而且关注职业部门的发展与强盛。高级层次的职业理想反映了社会主义价值观对职业人的客观要求，具有社会主义职业理想的本质特征。

3. 职业道德是实现人的全面发展的主要途径

职业道德品质是现代职业人职业化素养的核心内容，对促进人的思想道德全面提升和人格升华具有积极的促进作用。如果想在职业生涯中实现自我全面发展，成为“一个高尚的人，一个纯粹的人，一个有道德的人，一个脱离了低级趣味的人，一个有益于人民的人”，我们就必须不断加强职业道德方面的学习，提升自己的职业道德水平。正如马克思所言：“人们只有为同时代人的完美、为他们的幸福而工作，才能使自己也达到完美。”因此，职业道德是实现人的全面发展的主要途径。

7.3 爱岗敬业

爱岗敬业是全社会大力提倡的职业道德行为准则，是国家对人们职业的共同要求，是每个从业者应该遵守的职业道德。爱岗敬业作为一种职业精神，是职业活动的灵魂，是从业人员安身立命之本。

7.3.1 爱岗敬业的含义及特征

无论是古代还是今天，无论是国内还是国外，爱岗敬业都是职业活动中的普遍要求。爱岗敬业精神是个体已明确的目标选择、忘我投入的志趣、认真负责的态度，从事职业活动时所表现出的个人品质。

1. 爱岗敬业的含义

爱岗敬业是对各行各业工作人员最普遍、最基本的要求，是做好本职工作的重要前提和可靠保障。中共中央颁布的《公民道德建设实施纲要》提出："要大力倡导以爱岗敬业、诚实守信、办事公道、服务群众、奉献社会为主要内容的职业道德，鼓励人们在工作中做一个好建设者。"因此，爱岗敬业是社会主义职业道德的一个基本规范和基本要求。

爱岗敬业是为人民服务和集体主义精神的具体体现，是职业道德一切基本规范的基础。爱岗就是热爱自己的岗位，热爱自己的本职工作，能够尽心尽力做好本职工作。敬业就是以极端负责的态度对待自己的工作，表现为对本职工作专心、认真、负责。整体来看，爱岗敬业是指从业人员在特定的社会形态中，尽职尽责、一丝不苟地履行自己所从事的社会事务行为，以及在职业生活中表现出来的兢兢业业、埋头苦干、任劳任怨的强烈事业心和忘我精神。通俗地说，就是热爱本职工作，在岗位上认真做事、满腔热忱、精益求精，有崇高的工作使命感、职业责任感和强烈的事业心，能做到乐业、勤业、精业、实业。热爱本职、忠于职守是爱岗敬业的核心。爱岗与敬业是紧密联系在一起的，爱岗是敬业的前提，敬业是爱岗情感的进一步升华，是对职业地位、职业价值、职业责任感和职业荣誉的深刻认识和践行。

2. 爱岗敬业的特征

爱岗敬业要做到乐业、勤业、精业和实业。

（1）乐业就是喜欢自己的专业，热爱自己的本职工作。每个从业人员都要真正认识到自己所从事的职业在社会生活中的作用和意义，从而保有对自己未来职业的浓厚兴趣。

（2）勤业就是勤奋、刻苦、顽强地学习专业知识，钻研自己的工作和业务。

（3）精业就是使自己的专业技术、业务水平不断提高，精益求精。

（4）实业就是依靠科学，实事求是，对本职工作一丝不苟，有严格的务实精神。

总之，爱岗敬业既是社会主义职业道德的重要组成部分，又是社会主义精神文明的重要内容之一，它的核心内容就是为人民服务。全心全意为人民服务是社会主义职业道德的最高目标，它贯穿于社会主义职业道德观念的方方面面。

7.3.2 爱岗敬业的基本要求

在职业生活中，从业人员都处在一个特定的工作岗位，要做到爱岗敬业，最重要的是强化岗位职责，坚守工作岗位，履行工作职责，提高职业技能。具体表现在以下4个方面。

1. 树立正确的职业态度

职业态度就是劳动态度，它是各行各业的劳动者对社会、对其他劳动者履行各种劳动义务的基础。人们的劳动态度不仅揭示了劳动者在劳动过程中的客观状况，同时也揭示了劳动过程中人们的主观态度，即人们从事劳动的动机及其在劳动中的行为价值。人们是否乐于参加劳动？仅为个人利益劳动还是在着重为社会公共利益劳动的同时兼顾个人利益？在劳动过程中是拈轻怕重、马虎应付还是不辞辛劳、全心全意？这些问题涉及如何看待和处理个人劳动和社会劳动、个人利益与社会利益的关系。这样，劳动态度也就有了十分重要、普遍的道德意义。对劳动采取什么态度，也就成为衡量人们道德水平的重要标志和尺度。一个人是否有所作为，不在于他从事何种工作，只要是对社会有益、对人类有益，就有做的价值，就要做到干一行、爱一行、专一行，不能得过且过。任何一个尊重自己事业的人，都会把这种爱表现在自己所从事的工作岗位上。

2. 树立正确的职业理想

职业理想是人们的职业行为和职业道德的一种开端性要素。它就是职业行为者在选择职业时对职业所抱有的理想，可以贯穿于职业活动实践的始终。一般来说，职业理想主要包括三方面内容：维持生活，发展个性，承担社会义务。在社会主义初级阶段提倡职业理想应当努力使人们把个人、职业集体与全社会的利益科学地统一起来，认识到只有从整体利益着眼，广大社会成员（包括职业行为者自己）才能过上幸福生活，并同时使个性获得全面发展。确立正确的职业理想不仅表明从业人员已经确立了正确的职业态度，而且更重要的是可以保证从业人员在具体职业实践过程中尽心、尽力、尽职、尽责，还可以保证他通过职业实践形成职业良心，达到更高的职业道德境界。因此，职业理想是职业道德发挥建设和调节作用的保证。

社会主义职业道德所提倡的职业理想是以为人民服务为核心，以集体主义为原则，热爱本职工作，兢兢业业干好本职工作。现实生活中能够找到理想职业的人必定是少数，对于多数人来说，必须面对现实，去从事社会所需要的工作。在这种情况下，如果没有“干一行，爱一行”的精神就很难干好工作，更难以做到爱岗敬业。

3. 不断提高职业技能

与职业态度密切相关的是职业技能，一个人不论从事什么职业，都需要具备一定的职业技能。职业技能不仅能够在人们确立职业态度、明确职业理想的过程中起积极作用，而且也是职业理想付诸实现的重要保障。社会主义现代化建设不仅需要大批高级专门人才，而且也需要大批具有一定科学文化知识和劳动技能的熟练劳动者。所以，不论从具体职业领域来看，还是就整个社会的发展而言，良好的职业技能都具有深刻的职业道德意义。社会的发展和科技的进步，给社会每个岗位都提出了越来越高的要求，所以每个从业人员都应该结合自己的工作需要，不断学习、提高，做到与时俱进。

4. 遵守职业纪律

职业纪律是调整职业实践行为方式、保证行业内部行为一致并履行业职业道德规范的一种调节机制。它兼有法制、行政规范强制性和道德规范感召性的双重特征，它是在社会主义条件下完善各行各业的科学管理和提倡职业道德，并最终在全社会实现由法制调节到道德调节的必要中间环节。这也是把职业纪律作为职业道德范畴之一的重要根据。

要严格根据职业纪律这一范畴的特征，妥善处理好它与职业良心、职业义务等范畴的关系。在大力提倡遵守职业纪律的过程中，遵循其规律性，更多地关注发挥职业纪律中的道义因素，最大限度地调动从业人员的积极性、创造性，使从业人员通过对职业纪律的领会和掌握逐步向更高层次的道德境界前进。也就是说，使每个从业人员由遵守作为道德低级阶段的职业纪律，开始循序渐进地认识各自职业的社会需要和社会价值，从而使人们从不得不遵守职业纪律的外在束缚到逐渐养成良好的职业习惯，并形成牢固的良心感和尊严感，创造性地发挥自己的聪明才智，为全面履行职业义务尽职尽责。

7.4 诚实守信

诚实守信是人类在漫长的交往实践中总结出来的做人的基本准则，是确保社会交往、尤其是经济交往持续、稳定、有效的重要道德规范。

7.4.1 诚实守信的含义及特征

诚实守信是企业集体和从业人员个体的道德底线。企业要保持盈利持续性，需要做到货真价实、信守承诺；个人谋职和事业发展，需要诚恳待人、踏实肯干、讲究信用，没有良好的人际关系，得不到同事和管理者的信任，也就不可能得到提拔和重用。

1. 诚实守信的内涵

诚实，就是指外在言行跟内心思想的一致性，不弄虚作假、不欺上瞒下，言行一致、表里如一，做老实人、说老实话、办老实事，做到真实无欺，既不欺人、也不自欺，为善弃恶、忠诚正直、光明磊落。守信，就是要遵守诺言、讲求信誉，注重信用，忠实地履行自己应当承担的责任和义务。诚实和守信二者是紧密联系在一起的。诚实中蕴涵着守信的要求，守信中又包含着诚实的内涵。因此，综合来看，对诚实守信内涵的理解应该包含以下几个层面。

（1）真实。从认识论角度来说，是指事物“是其所是”的一种状态，是事物的本来面目，也是人基于对事物的认识表现出来的一种态度和判断结果。当它应用到道德领域，延伸出诚实和真诚的意思，要求人们无论对自己还是对他人，不能欺诈蒙骗、弄虚作假、伪装矫饰。因此，真实是诚实守信的内核和基础，是判断一个人的言语和行为是否诚实可信的前提条件。

（2）信用。即要求人们做到信守约定、践行承诺、履行规约，不失信、不违诺。

（3）相互信任。信任就是一方基于对另一方的真诚度和守信度的判断而形成的，相信对方能够兑现承诺以满足自己需要的一种比较稳定的态度。

2. 诚实守信的特征

诚实守信不仅作为一种社会道德要求存在着，也作为职业道德中的一种重要规范存在着，它对职业者的思想和行为起着重要的引导和规约作用。与其他职业道德规范相比，它有自己的鲜明特点。

（1）言行一致、知行统一。语言和行动，认识和行为的高度统一是诚实守信最基本的要求之一，也是诚实守信的一个基本特征。主要表现在实事求是、真实无欺、言行一致这 3 个方面。① 它要求人们以客观公正的态度来面对事物，强调事物的客观性和真实性；② 它要求人们做到真实无欺，这既是一种价值选择也是一种行为表现，要求人们在为人处世过程中要尊重客观事实，要讲求公平和公正，不能欺负弱小，唯利是图；③ 它要求人们实事求是、真实无欺，做到言行一致，在为人处世过程中要遵守自己的诺言，言必信，行必果，不能说一套做一套。言行一致、知行统一是诚实守信最基本的要求，也是诚实守信最基本的表现形式。

（2）自律与他律的不可或缺性。诚实守信作为一种道德规范，不仅需要行为人本身达到内心自律，同样也需要依靠法律的约束。道德与法律作为规约人们行为的手段，二者在功能上是互补的。在市场经济条件下，诚实守信既是一种道德要求，也是一种法律要求；既是个人或组织安身立命的基本道德准则，又是防止个人和组织突破道德防线的法律约束机制。

（3）质量与信誉的内在一致性。在现代市场经济活动中，质量是企业的生命，信誉是企业的灵魂，诚实守信是使二者在企业生产经营过程中得以实现的重要保证。

（4）利他与利己的互利双赢性。无论诚实守信规范是以自律方式存在，还是以他律的要求迫使人们遵守，都是市场经济发展的必然要求。对从业人员而言，诚实守信有利于提高工作效率，增加劳动收入，同时也有利于事业发展。因此，诚实守信既是一种利他的行为，也在利他的过程中包含着利己的成分，具有利他和利己的互利双赢特征。

7.4.2 诚实守信的基本要求

作为职业人，不仅要明白诚实守信对企业发展和个人职业发展的重要性，更要清楚诚实守信在执业活动中用该如何遵守和践行。

1. 忠诚所属企业

忠诚的员工是企业所拥有的一笔巨大财富。企业的物质资源是流动的，会快速地消耗掉，但人力资源却是一笔可以无限增值的财富。前通用电气公司总裁杰克·韦尔奇曾经说过："任何一家想竞争取胜的公司必须设法使每个员工敬业。"在人力资本越来越重要的今天，如果人才大量流失，损失的不仅是企业培训员工的成本和重新雇用新员工的投入成本，更为重要的是这些流失的员工可能带走关乎企业命运的商业秘密。因此，员工对所属企业是否忠诚关系到企业生死存亡，忠诚所属企业是对每一个员工职业道德的要求，它包括以下几个方面的内容。

（1）诚实劳动。诚实劳动就是把实干、积极、创造的精神，通过物化劳动即劳动成果，转化为反映经济效益的物质财富和反映社会效益的精神财富，或者以为他人提供了实实在在的某种服务为表现形式。

（2）关心企业发展。个体与企业是部分与整体的关系，部分功能和价值的实现离不开整体的存在和发展。作为企业的员工，每一个人都是企业不可缺少的一分子。加入一个企业就要与企业同呼吸共命运，以集体主义为行动的根本原则，时刻以企业的发展为自己的行为准则。

（3）遵守合同和契约。近几年来，我国劳动用工制度日益走向契约化，要求从业人员在职业活动中履行契约、依法办事。是否履行契约、依法办事是从业人员是否忠诚所属企业的一个重要表现。

2. 维护企业信誉

企业要赢得好的声望和信誉可能需要几代人的努力，而要毁掉它则几分钟就够，这充分说明了企业信誉有着致命的脆弱性。既然信誉与企业的生存发展息息相关，维护企业信誉就是每一名企业员工义不容辞的责任和义务。从身居高位的领导，到普通员工，都应该像爱护自己的名誉一样爱护企业信誉。

3. 保守企业秘密

员工思想松懈造成泄密，轻者将会影响企业的正常工作，重者则会给企业造成不可挽回的损失，危害企业整体的利益。因此，企业中的每一个人都有义务和责任保守企业秘密。企业一般也会根据自身情况制定"保密"条例，要求员工遵守。尽管保守企业秘密是员工对企业的责任和义务，但当保守企业秘密与国家和社会公共利益发生矛盾冲突时，应该以集体主义为基本原则来处理，以全局和整体利益为重，维护国家和社会的利益。

办事公道是人们加强自身道德修养的基本内容，也是在社会主义市场经济条件下企业活动的根本要求，是正确处理各种职业、经济关系的准则。

7.5 办事公道

7.5.1 办事公道的含义及特征

作为职业道德范畴，办事公道对于从业人员办好本职工作，实现个人价值起着越来越重要的作用。如果企业没有公道的文化环境，就会造成员工离心离德。

1. 办事公道的含义

办事公道是指从业者在办事情、处理问题时，站在公正的立场上，对当事双方公平合理、不偏不倚，不论对谁都按照一个标准办事。办事公道要求各行各业的劳动者在本职工作中，遵守工作中的行为准则，做到公平、公开、公正，不以私害公，不出卖原则，它是对一切从业者的职业行为的普遍性道德要求。

办事公道是社会主义职业道德的一个重要方面，是职业活动中的一种高尚道德情操，也是千百年来为人所称道的职业品质。办事公道要有平静如水、正直如绳的公心，始终坚持公开的原则，做到能用同一把尺子量人处事；办事公道就要恪守一定的职业道德，时刻提高警惕，防微杜渐，拒腐防变，堂堂正正做人，清清白白做事，在任何情况下都能抵得住诱惑，耐得住清贫，守得住寂寞；办事公道就是要坚持按章办事，用制度规范约束自身行为，做到坚持原则不动摇、执行标准不走样、履行程序不变通、遵守纪律不放松。办事公道是职业道德的基本规范和基本内容，只有出于公心、本着公道、坚持公平公正、做到光明磊落，才能恪尽职守，把工作做好。

在现实社会生活中，办事公道的职业道德规范要求每个从业人员在职业活动中都要公平合理地处理一切事物。无论是掌握着一定权力的政府工作人员，还是普通的从业人员，都要坚持办事公道的职业道德规范。作为政府公务人员，坚持办事公道，就是要坚持原则、实事求是，以国家和人民的利益为重，公平、公开、公正和合理地为人民办好事、办实事；作为一名普通的工作人员，做到办事公道，就是要站在公正的立场上，对任何事情和任何人，都采用一个标准办事，坚持公平合理、不偏不倚。

2. 办事公道的特征

办事公道作为职业道德的主要规范之一，和其他职业道德规范一起共同规范着各行各业从业人员的具体职业行为，是对一切从业者的职业活动的普遍要求。作为一种职业道德规范和道德品质要求，办事公道具有自身鲜明的特征。

（1）原则性。原则是维持职业工作正常进行的规定，它是最基本的职业行为规范，关系着某一职业工作的性质和社会职能的发挥，因此，它代表着职业工作的整体利益，它对职业场所内的所有从业者都具有同等的约束力，原则面前没有例外。工作原则是职业行为善恶的评价尺度，工作原则明确地告诉人们什么是应当做的，什么是不应当做的；什么是必须要做的，什么是禁止去做的。而且，从业人员是否做到了办事公道，又必须以这些工作原则为最直接和最有效的评判标准。

（2）灵活性。原则性和灵活性一向是相伴而生的，坚持原则的同时，要不失灵活性；灵活应变的时候，又不能忘记根本的原则。能不能真正做到办事公道，除了有明确的原则观念并坚持原则外，还必须具备灵活处理事情的变通技巧。因为原则往往是针对最一般的情况而制定的，并且大多是经验的总结，它不可能顾及职业行为中纷繁复杂的各种个案以及许多新情况和新问题，这就需要灵活应变、权变处理。工作原则有很多，有些原则是基本的，有些是非基本的。在具体的职业活动中，办事公道的职业道德要求人们根据轻重缓急，依照原则的优先顺序，奉守最基本的原则，必要的时候还需要放弃小的原则以保全大的原则，这也是办事公道的灵活性体现。

（3）公益性。办事公道的一个重要要求就是要明确公私关系。“公”指的是国家、集体及其利益，“私”指的是个人及其利益。在社会主义市场经济条件下，以集体主义为价值取向，强调尊重和维护个人利益的同时，必须以集体和国家的利益为重，自觉地维护公益。只有明确公私界限，在职业行为中严格遵章办事，自觉主动谋取公共利益，才能使职业行为符合职业规范的要求，也符合职业道德所推荐的价值追求目标，并在实践中形成良好的职业行为和职业品质，以保证职业活动的顺利开展。严明公私之别，凡事以公为重，自觉维护公益，是社会主义劳动者所必须具备的职业道德意识和行为规范。

7.5.2 办事公道的基本要求

在新的历史条件下，要做到办事公道，就必须做到坚持真理、公平公正、公私分明、光明磊落。

1. 坚持真理

真理是指人们对客观事物及其规律的正确反映。坚持真理就是坚持实事求是的原则，坚持正确的是非观，在处理问题时合乎公理、合乎正义。

坚持真理是社会主义从业者应该具备的优秀品格。它体现着实事求是的科学态度和坚守原则的职业道德。为满足我国最广大人民的根本利益，实现国家的长治久安、和谐发展，不同职业、不同职权的从业者当时时刻刻以坚持真理、坚守原则的职业道德要求自己。

由于我国当前市场经济发展尚不完善，每个从业者面对的考验和诱惑日益增多。在诸如拜金主义、享乐主义等腐朽思潮的影响下，不同行业和岗位上的从业者，特别是那些拥有一定职权的从业者，势必会面临更多的是非、利益、得失、名位、权钱、情色的考验。在这种情况下，做到不为其所动、坚持真理、秉公办事是社会主义职业道德对每个从业者的基本要求。

2. 公平公正

公平公正是指按照原则办事，处理事情合情合理，不徇私情，不因个人的好恶去对待事情和处理问题。

公平公正是人们在职业实践活动中应当遵守的道德要求。不同职业公平公正的具体表现是不一样的，教育工作者对受教育者要一视同仁，因材施教；党的领导干部要为民办事，不徇私情。作为职业道德的重要内容，公平公正对于从业者的一致要求体现在：要求从业者按照原则办事，不因个人的偏见、好恶、私心等，去对待事情和处理问题，只有做到了公平公正，才能协调好从业者之间、各行业各企业部门之间的利益关系，才能弘扬正气、形成团结向上的团队精神。

在社会主义市场经济条件下，做到公平公正尤为可贵。不同的从业者在各种职业活动中，在权力、金钱、人情等诸多诱惑下，能够把握住自己，就能做到公平公正。如果陷入对权力、金钱的追求和私欲中，在人情的关系网中不能自拔，办事就会失去公道。

3. 公私分明

办事公道要求从业者在坚持真理、坚持原则的前提下，做到公私分明、不徇私情。在这里，公是指社会整体利益、集体利益，私是指个人利益。公私分明是指要把社会利益、集体利益与个人私利明确区别开来，不以个人私利损害集体利益。公私分明，以社会和集体利益为重，是正确处理个人与社会、集体和国家关系的基本要求。

4. 光明磊落

光明磊落是指做人做事没有私心，胸怀坦荡，行为正派，是对从业者的职业要求。光明磊落，是做人应该具有的优良品德，是中华民族最为崇尚的传统美德之一，历来为人们所称道和赞誉。从业者要具备光明磊落的正直品德，对自己要求严格，不谋私，不贪利，不文过饰非，不隐瞒自己的观点，不偷奸耍滑；对他人不阿谀奉承，不溜须拍马，不阳奉阴违，不包庇纵容；处理事情，敢于主持公道，伸张正义，抨击邪恶，不怕打击报复。

7.6 服务群众

服务群众就是为人民群众服务，是指在职业活动中一切从群众利益出发，为群众着想，为群众办事，为群众提供高质量的服务。

7.6.1 服务群众的含义及特征

职业道德建设体现了为人民服务的要求，任何企业的生产，都是在一定社会条件下进行的，其生产过程和生产成果不能游离于社会之外，既要承担社会责任又要满足社会需要。对从业人员来说确立为人民服务的道德，对自己认真工作，实现人生价值，有着非常重要的意义。

1. 服务群众的含义

“服”有承担、担当之意；“务”的本义是勉力从事。服务群众揭示了职业与人民群众的关系，指出了职业劳动者的主要服务对象是人民群众。服务群众是职业行为的本质，是社会主义道德建设的核心在职业活动中的具体运用。每一个职业劳动者都是群众中的一员，服务群众的实质就是群众自我服务，即全体社会职业劳动者之间通过相互服务来谋求共同的幸福。尽管每个人的能力有大小、职位有高低，但都有为人民服务的共同义务和责任。

服务的过程应该是服务者与被服务者平等、相互尊重、共同进步的过程。服务群众的内容包含着两个层次，首先要求热情周到，从业人员对服务对象和群众要主动、热情、耐心，服务细致周到、勤勤恳恳；其次，努力满足群众需要，为群众提供方便，想群众之所想，急群众之所急。

在市场经济条件下，服务群众的意识只能强化，不能淡化。要使每一个职业劳动者懂得，他所从事的工作既是为着自己的生计，也是为了社会的发展和他人的便利。

2. 服务群众的特征

急群众之所急，想群众之所想，忧群众之所忧，乐群众之所乐，是贯彻党的宗旨的主题中应有之义。服务群众首要的是树立群众观念，尊重民意。从解决群众最为关心的问题人手，真抓实干，一步一个脚印，真正为群众谋利益。

（1）以人民群众的利益为出发点和落脚点。服务群众的出发点在于尊重群众。它要求尊重对方的意见，倾听对方的声音，郑重考虑对方要求，相互交换意见。群众是我们的衣食父母，因为有了无数普通群众的需要，才有了我们正在从事的职业活动，而我们所从事的职业活动也才有了社会价值，我们的个人才华也才有了可以施展的舞台。一个职业劳动者只有真正懂得尊重人民群众，了解群众的所思所需，才能更好地维护人民群众的利益。一个视群众为草芥的人，不可能倾听群众的声音，了解群众的需求，真正地为群众服务。因此，尊重群众是服务群众的思想前提。

服务群众的落脚点是方便群众，只有以方便群众的思想为指导，才会有切实的方便群众之举。

每一个人都需要服务，每一个人又必须通过自己所从事的具体工作为他人、为社会服务。方便群众正是服务群众的实际举措。每个行业、部门和岗位服务群众的方式和内容是不同的，因此，方便群众的具体表现也不尽相同，关键在于每一个职业劳动者是不是真正在思想意识中树立起了方便群众的观念。

（2）服务主体与客体高度统一。每一个职业劳动者都是群众中的一员，服务群众的实质就是全体社会职业劳动者之间通过相互服务来谋求共同的幸福。服务对象和服务者的统一，是社会主义制度下人与人之间新型关系的体现。因此，必须防止个人主义对服务群众意识的侵蚀和对服务群众行为的破坏。

（3）服务群众，人人有责。服务群众是“为人民服务”宗旨的具体体现。“为人民服务”作为社会主义道德建设的核心，其最重要、最有效的载体就是职业道德，它把“为人民服务”思想集中地充分地体现了出来。因为，“为人民服务”的宗旨，不是离人们具体生活遥不可及的内容，它蕴涵在人们平凡的工作和生活之中：干一行，爱一行，兢兢业业做好本职工作，是“为人民服务”；踏踏实实为他人做点好事、做点实事，是“为人民服务”；真诚待人，团结同志，助人为乐，热心公益，扶困帮贫，见义勇为，是“为人民服务”。总之，“为人民服务”既是一种高尚的行为宗旨，也包含着丰富多彩的具体内容。因此，服务群众，是每一个公民的责任和义务。

7.6.2 服务群众的基本要求

职业道德建设体现了为人民服务的要求。确立服务群众的职业道德，对于自己认真工作，实现人身价值，有着非常重要的意义。

1. 要牢固树立马克思主义群众观

中国共产党从历史唯物主义观点出发，科学深刻地认识到人民群众是历史的创造者，是我们的力量源泉和胜利之本。坚持为人民服务为道德核心，是对民族传统美德的科学继承和发展。为人民服务是社会主义道德体系区别于其他道德体系的根本标志。

服务群众要出自真心，要在为群众办实事、办好事的实践中实现自己的人生价值和崇高追求。我们的衣食，我们的权力，都是人民给的。我们要发自内心地把人民群众当作自己的衣食父母。如果离开了人民群众的支持与拥护，我们就失去了存在和发展的基础。只有我们始终坚持这种观念，才能为人民谋利益，为群众多办事、办实事、办好事。社会主义职业道德是社会主义道德体系的重要组成部分，也是加强社会主义精神文明建设的重要内容和要求，其核心是要求全体从业人员都能自觉地把全心全意为人民服务作为自身职业应尽的职责和义务，把满足人民群众的需要作为自己工作的宗旨和目标。

服务群众要体现爱心。在当代职业道德建设中，弘扬仁爱精神，对于形成关爱群众，全心全意为人民服务的道德风尚具有特别重要的意义。立足本职岗位为民服务，我们要牢记“群众利益无小事”，把群众的安危冷暖挂在心上，为群众诚心诚意办实事，尽心竭力解难事，坚持不懈做好事。

2. 顾客第一，热心服务

在社会生活中，实际上，每一个阶级，甚至每一个行业都各有各的道德。职业的千差万别，决定了职业道德的多样性。不同的职业由于对社会所承担的义务与责任不同，服务于他人的方式也不同，但它们具有特殊性的同时，也具有一般性的要求。

（1）树立自觉的服务意识。为人民服务没有终点。要在自己的岗位上能够真正地做到服务群众，首先应树立自觉的服务意识，尤其是在工作与服务群众出现矛盾的时候，要处理好工作与为人民服务的关系。无论从事何种职业，每个人既是一个职业者，又是一个社会人。作为一个社会人，他的生活就不可能脱离社会、脱离人群。努力为服务对象提供尽可能满意的服务，是我们一切职业的工作理念和宗旨。所有的职业工作者都应该全面理解服务这一工作宗旨的内在含义，并把它消化到自我的知识结构之中，内化在自己的价值观之中，使之成为一种自觉的思想体系，成为职业价值的主导内容。

（2）端正服务态度。主动热情这是服务人员在接待顾客过程中的动作和态度。满足顾客的需要就是我们的工作；顾客是我们应当给予最高礼遇的人。

（3）自觉遵守职业道德规范。俗话说："没有规矩不成方圆。"一个人的道德观念、道德行为、道德修养都不是天生的，而是经过后天学习，通过教育培养的，都有一个从外部到内部，从他律到自律的形成过程。在职业道德素质养成之前，要依靠职业道德规范的约束，不仅要有外在的舆论、纪律等他律性约束，而且要通过认知和情感培养使从业人员实现自律性约束。

职业道德建设要注重量化、标准化，建立有效的内部约束机制。服务态度不好、职业道德下降的一个重要原因是，以往工作中粗放式管理，缺少具体、明确、操作性强的行为规范和要求。有些服务行业虽然制定了服务公约，但因缺乏有效的约束机制，使所定公约、规定大多流于形式。实践证明，如果没有具体量化、标准化和易于操作的职业道德规范和要求，仅靠一般号召来提高社会整体服务质量，有很大难度，并且不易产生显著效果。

加强职业道德建设，重在教育，贵在培养，从内部给予规范，从外部加以制约，真正落实到每一个职工的岗位上，使每个职工对自己在企业内和社会上的行为负责。整个社会就像一个大家庭，每个人既是服务主体，又是服务客体。职业道德建设只有充分吸引全体社会成员广泛参与，并在参与中提高自我教育、自我规范、自我控制的能力，才能创造一种和谐协调、健康向上、生动活泼的局面，形成良好的社会氛围，使人们以愉快的心情和饱满的热情投入工作、生活和学习。

3. 自觉履行职业责任

服务群众要在掌握一定的服务技能基础上，承担起本职业的社会责任，只有这样才能真正地服务于群众、造福于人民。

（1）提高服务技能。离开本职工作谈服务群众，只能是坐而论道。服务原则要求职业工作者必须不断提高自己的服务能力。第一，丰富服务知识。在职业服务过程中，逐渐了解顾客的消费需求、消费心理，熟悉程序，掌握方法，从而全面丰富自己的知识。第二，锻炼服务技能、面对不同的顾客采取何种服务方式，如何快捷顺利地处理突发性服务事件，这些都需要掌握一定的技能。第三，提高服务修养。在服务过程中，对顾客尊重、热情、友好、礼貌，语言恰当，行为得体。

（2）自觉担当社会责任。俗话说："在其位，谋其政，尽其责。"要虚心倾听群众心声，改善自己的工作服务质量，对群众的投诉举报认真对待，简化手续，及时处理落实。

"社会主义荣辱观"教育其中重要一点，就是要"以服务人民为荣，以背离人民为耻"。因此，每一个职业者，在从事自己的职业时，首先应该考虑到的就是人民利益，考虑如何服务人民，为人民谋利益。

7.7 奉献社会

奉献社会的实质就是全心全意为社会做贡献，为人民谋福祉。奉献社会是职业道德的最高层次、最高要求和最终指向。

7.7.1 奉献社会的含义及特征

奉献是什么？奉献与职业的关系如何？在社会主义市场条件下，奉献被赋予哪些新的内涵？这一系列的问题，对于每个从业人员来说，只有对奉献有所认识、有所理解，才能化为职业动力，并付诸日常的工作中。

1. 奉献社会的含义

奉献是一个崇高的字眼，是人类特有的一种品质。奉献，是指不期望有所回报和酬劳而愿意为他人、为社会或为真理、为正义贡献出自己的一切，包括宝贵生命的情怀和品质。奉献社会，就是全心全意为社会作贡献，为人民谋福祉，是为人民服务和集体主义精神的最高体现，有这种精神境界的人，能够无私地把自己的一切都献给国家、人民和社会。在职业道德的视域中，奉献社会是社会主义职业道德的最高要求和最高境界，也是从业人员所应具备的最高层次职业道德修养。它要求从业者在自己的工作岗位上树立起奉献社会的职业理想和社会责任感，在从业过程中，以他人利益、社会利益为重，通过兢兢业业地工作，全身心地投入，充分发挥主动性、创造性，使自己所付出的劳动能够对国家、民族甚至全人类产生积极的意义，为社会的发展和进步作出自己的贡献。

2. 奉献社会的特征

奉献社会应该是每个公民学习、工作和参与其他社会活动的高尚动机，我们的人生理想和信念也必须通过奉献社会来实现。那么，位于职业道德最高层次的奉献社会精神具有哪些特征呢?

（1）勤勉务实。作为一名从业人员，必须清醒地认识到：奉献社会是职业道德的最高层次要求，但并非是一种高不可攀的境界。勤勉务实地学习文化知识和科学技术，勤勉务实地耕耘于自己的工作岗位，就是奉献社会的落脚点和基本特征。在社会主义条件下，无论分工怎样、职位高低，每个人都有着自己的社会工作岗位；而每个岗位都必然会涉及对社会作出奉献、对他人作出奉献的问题。岗位越重要、影响面越广、职位越高，奉献的要求就越大。脱离了岗位，或是在“非常时期”、危难之际在自己的岗位上玩忽职守，不仅是对社会的犯罪、对他人生命的犯罪，同时也是对职业道德最高层次要求的亵渎。只有立足本职的人，才会在自己的工作岗位上勤勤恳恳，务实高效地不断钻研学习，一丝不苟，精益求精，才有可能为社会、为国家做出崇高而伟大的奉献。

勤勉务实是奉献精神的出发点。勤勉务实是每个人都可以做到的，而且是应该具备的。

勤勉务实又是奉献精神的落脚点，因为，任何崇高而伟大的精神皆源自于平凡，没有平凡的日常学习和工作，没有点滴辛劳与付出，就没有崇高而伟大的奉献；没有勤奋学习、务实工作的落脚点，就谈不上对社会、对他人的奉献；没有勤勉务实的精神和实际行动，就会使奉献社会沦为一句空话。

（2）忘我利他。忘我利他是奉献社会的最显著特征。忘我利他中的“利他”，指的是个人的某种实践活动具有能够帮助他人、有利于他人、有益于社会、甚至造福人类的性质。可以说，客观科学地理解“忘我利他”概念，重点是指有利于社会、有利于他人的忘我劳动。奉献本身就是忘我利他。在社会发展的关键时期，忘我利他的精神往往反映出社会整体的文明程度、精神状况和认识水平；忘我利他的奉献者越多，凝聚力越强，克服困难的力量越大，中华民族伟大的奉献精神体现得就越充分，因此忘我利他是奉献社会的最显著特征之一。

（3）不求索取。不求索取是指不计较个人得失，勇于牺牲小我，而不考虑和追求奉献行动能够换来一己之利。奉献就意味着多付出，少索取，而不是等价交换。与人类社会的整体发展相比较，一己之利显得如此渺小，个人的得失与社会发展的进程已经不存在“等价交换”、“斤斤计较”的问题。我们发展社会主义市场经济，在经济领域中，要实行等价交换，按劳分配，但绝不能把商品交换的原则渗透到精神生活和政治生活中去。奉献社会就是要吃苦在前，享受在后，不计报酬，不讲价钱，勇于牺牲。广大从业人员应当努力成为在日常学习、工作和生活中不讲条件、不求索取、默默耕耘的人，只有这样才能因为奉献而焕发出更加光彩的青春光华！

7.7.2 奉献社会的基本要求

当今中国正处于蓬勃发展的时代，是一个需要人才、造就人才的时代。这个时代，为每一个从业人员提供了展示个人才能、实现职业理想的宽阔舞台。天高任鸟飞，海阔凭鱼跃，有志向、有抱负、有才干的人只有不断加强职业道德修养，不断奉献社会，才能在未来的职业生活中抓住机遇，实现成功。进一步弘扬和落实奉献精神，必须明确奉献社会的基本要求。

1. 正确认识奉献与求利的相融性

在社会主义市场经济条件下，正确认识和处理奉献与求利之间的关系是奉献社会的基本要求之一。奉献是指个人为社会作出贡献，促进社会利益增多；求利是指个人向社会提出补偿性或回报性要求，也就是向社会索取。求利有整体求利与个体求利之分。奉献与求利，看似是一对相互排斥、彼此矛盾的概念，其实二者具有相融性，那就是无私奉献精神要同人们的正当利益追求相结合。一方面，劳动者为社会作出了贡献，社会应该给劳动者以相应的补偿和报酬；另一方面，奉献是求利的前提，人们所求之利来自人们对社会的奉献。此外，求整体之利，特别是求国家、民族、社会、人民群众之利益，同奉献也具有极大的相融性，因为竭力为最广大人民群众求利本身就是无私奉献精神的一种体现。

今天，历史的车轮已经驶入市场经济的快车道，市场经济关系本质上是一种利益关系，市场经济活动的实质是以实现利益为转移的竞争，它所伴生同行的利益观，必将在人们处理利益关系时发挥向导作用和调节作用。在社会主义市场经济条件下，讲无私奉献精神，必须和利益追求结合起来，应当在求利的过程中发扬无私奉献精神。而个人求利首先应当以奉献为前提条件，把个人的利益融合在国家和人民的整体利益之中，勇于为人民的利益和社会的利益牺牲个人利益。只有这样，才能正确处理国家、集体和个人三者之间的利益关系，防止极端个人主义、利己主义倾向，从而形成自觉奉献、健康追求的高尚情操。也只有自觉服务祖国，无私奉献社会，在服务中做出应有贡献的人，才能在奉献中实现自身价值，将有限的生命化为无限和永生。

2. 奉献社会需要充足的文化知识和科学技能

奉献社会需要科学技术和文化知识，这一要求对于每个从业人员来说具有极为重要的现实意义。一个人只有通过自身素质的全面提高，掌握在市场经济大潮中为人民建功立业的真实本领，并付出了辛勤有效的劳动之后，才具有奉献社会的资格。只有加强自身学习，不断地汲取知识，不断地充电，才能成为一个对社会真正有用的人，才能切实有效地服务社会、奉献社会。现代社会是科技、信息时代，学习已成为社会发展和个人发展的第一要素，应当尽快转变思想，树立终身学习的观念，把加强学习作为一种责任、一种追求、一种境界。同时必须创新学习方法，形成学习制度，必须将学习与做好本职工作，与服务人民、奉献社会紧密结合起来，通过学习指导实践，切实对社会作出更大贡献。主要应抓好以下 3 方面的学习：一是要认真学习马克思主义基本理论和党的路线方针政策，不断深化对社会主义建设规律、对人类社会发展规律和服务社会奉献社会规律的认识。特别要认真学习中国特色社会主义理论体系，始终把人民群众的根本利益放在首位，把奉献精神与全心全意地为人民群众服务的实际行动有机结合起来。二是要不断提高科学文化素质，学习一切反映当代世界经济社会发展的新知识、新经验，通过学习人文社会科学和自然社会科学知识，运用科学技术，拥有一技之长，掌握为人民服务的本领，提高解决实际问题、做好本职工作的能力和服务社会的能力。三是向先进人物学习，通过仔细对比，领悟先进人物到底先进在哪里，我们的不足又在哪里，取人之长，补己之短，以此切实提高自己的思想觉悟和奉献社会的能力。

3. 正确处理好奉献社会与吃苦耐劳的关系

实践充分证明，不怕艰难困苦、勇于吃苦耐劳、勇于奉献的人，才能始终保持旺盛的斗志、充足的干劲；相反，凡是贪图安逸、追求享受的人，必然精神不振、斗志衰退。因此，广大从业人员应当而且必须有意识地培养自己吃苦耐劳、艰苦奋斗的意志和品格。首先，思想要刻苦，就是要加强学习，动脑子想问题，不能当一天和尚撞一天钟，要在学习的过程中有“学海无涯苦作舟”的信念，耐住寂寞，勇于探索；要在熟练掌握文化知识和专业技术上想点子，想办法；在完成各项任务上想点子，想办法；在深入社会、服务社会、奉献社会上想点子，想办法。其次，工作要艰苦，就是要安心本职工作，勇于在条件差问题多的地方和单位锻炼自己，勇于迎难而上，不打退堂鼓。要勇于做艰苦细致的工作，勇于盯着问题做工作，勇于做难点、重点的工作，要有不解决问题不撒手、不抓好工作不罢休的精神，把奉献之责尽到底，把工作任务做到家。最后，作风要扎实，就是要扑下身子、放下架子，一步一个脚印地抓好自己各项学习和工作任务的落实，扎扎实实奉献社会。

4. 奉献社会不仅要有明确的信念，更要有崇高的行动

奉献社会应当在思想上高起点高要求，从行动上、从细微处入手。奉献精神不是喊出来的，要通过具体扎实的行动来体现。奉献就要实干，就要把语言和行动、认识和实践统一起来。奉献社会并不抽象，也不是可望而不可及，只要埋头苦干，坚持不懈，一定会有所作为，有所贡献。在市场经济条件下讲无私奉献，在很大程度上必须与个人的实际情况结合起来。努力学好文化知识和专业技能，以此服务他人和社会是奉献；做好本职工作，为国家、为社会建功立业是奉献；勇敢地奋战在艰苦的第一线，主动关心社会问题，关心他人的疾苦，帮助群众解决实际问题是奉献；工商企业中的管理者和劳动者，为企业的生存、发展、盈利贡献力量，使企业经营在满足人民群众生活需要的前提下实现盈利，同时得到社会和企业的回报，这也是奉献。可以说，凡是有益于社会和人民的事情，能够减轻人民负担、增加社会利益的事情，就应当尽力去做；凡是有损于社会和人民，给社会和人民带来损害的事情，就应当避免和反对。

总之，每一个从业人员都应当坚定信念，以高尚的思想道德要求来鞭策自己，更要脚踏实地地为全面建设小康社会而努力奋斗，切实地把奉献社会的精神和具体行动结合起来，以积极的姿态，用高水平的奉献来回报社会。

思考题

（1）如何理解社会主义职业道德的基本要求？
（2）社会主义职业道德的特征是什么？
（3）爱岗敬业的具体要求有哪些？
（4）诚实守信的具体要求是什么？怎样做一个诚实守信的人？
（5）办事公道的含义是指什么？办事公道的具体要求什么？
（6）职业道德修养的途径有哪些？
（7）结合实际畅谈自己的职业理想，并结合当前社会上一些人缺乏职业道德的现象，谈谈劳动者怎样遵守职业道德并以主人翁的姿态坚持权利和义务的统一。

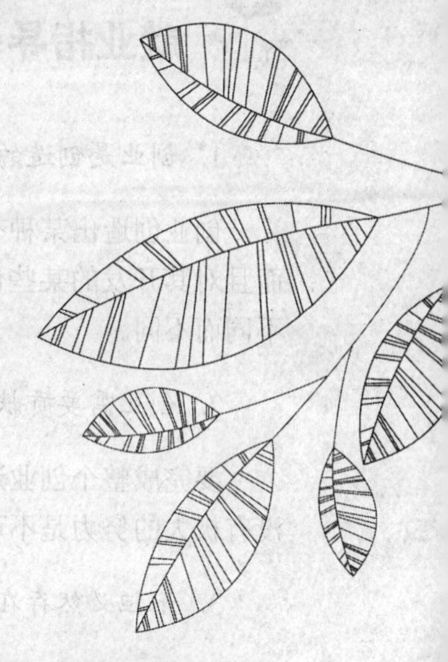

第 8 章　职业院校学生创业基本知识与创业实践

“自己当老板”是今天许多职业院校学生的梦想，但是创业是一项复杂的、系统的、具有高风险的活动。因此，创业之前系统地学习一些创业知识、接受专门化的指导对即将要创业的职业院校学生来说具有重大意义。

8.1 创 业 概 述

创业作为推动经济增长和社会发展的重要载体，在经济发展到一定程度时越来越表现出活跃的一面，尤其是在推动就业、提高自主创新能力方面有着重要作用。本节主要探讨创业的一些基本概念。

8.1.1 创业的概念

创业（Entrepreneurship）一词的出现可追溯到二三百年前的法国。1775 年，法国的经济学家 Richard Cantillon 将创业者和经济中承担的风险联系在一起，这也是创业的第一次定义，即创业代表着承担风险。国内的学者也对创业有诸多的解释，复旦大学的李志能博士认为：“创业是一个发现和捕获机会并由此创造出新颖的产品、服务或实现其潜在价值的过程”。因此，创业必须要贡献出时间和付出努力（心理与生理），承担相应的财务的、精神的和社会的风险，并获得金钱的回报、个人的满足和独立自主。一般来说，创业具有以下 4 个特征。

1. 创业是创造的过程

创业创造出某种有价值的新事物，这种新事物必须是有价值的，不仅对创业家本身，而且对其开发的某些目标对象也是有价值的。这里所说的目标对象因行业或所创造事物的不同而不同。

2. 创业需要贡献出必要的时间，付出极大的努力

要完成整个创业过程，要创造新的有价值的事物，就需要大量的时间，而要获得成功，没有极大的努力是不可能的。

3. 承担必然存在的风险

创业的风险可能有多种形式，依赖于创业的领域，但是通常的风险一般说来来自财务上、精神方面、社会方面、家庭方面等。

4. 给予创业家以创业报酬

作为一个创业家，最重要的回报可能是其由此获得的独立自主，及随之而来的个人满足。对于追求利润的创业家，金钱的回报无疑是最重要的，对很多的创业者乃至旁观者，其实都把金钱的回报视为成功与否的一种尺度。

对一个真正的创业者，创业的过程充满了激动、艰辛、痛苦、忧郁、苦闷和徘徊，及坚定、坚持不懈的努力，并由渐进的成功而带来的无穷的欢乐与分享不尽的幸福。

重要提示

创办一家企业会面临许许多多的困难和挑战，面对前进道路上的许多挑战，为了创办企业并获得所期望的回报，做到持之以恒和坚持不懈是非常关键的。

8.1.2 创业者的基本特征

创业者是创业活动的主体，创业活动的顺利开展需要创业者冷静地应对方方面面的考验，因此创业者需要具备一定的素质特征。

1. 风险意识与创业精神

创业家都需要承担一定风险，只有具备了风险意识，才能够在创业初期就能够合理地规避风险，并把握创业过程中的核心要素管理；也只有具备了一定的风险意识，才能够使新产品、新技术或新的服务走向实际化运作，才能够使新创企业渡过艰难的创业过程而迅速成长，走向创业成功。

尽管每一个人，只要具备开办公司的条件，就可以领取营业执照，可能一夜之间

就成为“老板”了。但是，没有一点豪气，没有敢冒风险的精神、就不能行“天下先”之事，当然也就不能成为真正的创业家或真正意义上的老板。

那些敢为天下先的创业者，他们大胆尝试，不怕挫折，敢于进取，敢于走前人没有走过的路，做前人没有做过的事，他们是实干家，他们相信努力就一定会有结果，而畏手畏脚、胆小怕事、光说不做的人，并且事事都害怕失败，没有勇气面对困难，因循守旧，作茧自缚的人，虽然也可以领取营业执照，也进入了创业者的行列，但很快就会被淘汰出局而不能走向创业成功，也就不能成为创业家。

2. 吃苦精神

创业是一个创造的过程，人的创造力与人的“智商（IQ）”有很大的关系，普遍地看，智商高的人要比智商低的人更富于创造力；在创业的创造活动中，不单纯是创造性构思，更重要的是创造性实践。因此，创业的成功需要坚忍不拔的意志、顽强的毅力、吃苦耐劳的执着精神、忘我的热情、甘于奉献的献身精神。勤奋、吃苦、执着、奉献是所有创业家的共同特征。

3. 良好的商业品德

作为一个立志创业之人，首先应该立德。没有一个好的品德、或创业就是为了自己的个人私利，肯定不会创立起事业，即便能够把企业办起来，甚至也“辉煌”一时，但终归昙花一现。良好的品德是成功创业家的共同特征。

4. 战略眼光

先知先觉是成功的必要条件。先知，就是要发现新的、潜在的商业机会，培育并把握商业机会，或者就叫做战略眼光。仔细分析一下，大多数创业家都比其他人更能够寻找或捕捉并把握住商业机会。创业者就像一位预言家，他是在对自己已经感知、而潜在的顾客自己都未必察觉的需求作出预言。因此，创业者所关心的市场应该卖什么，而不是它正在卖的东西。

5. 脚踏实地、雷厉风行

孙子曰：“故其疾如风，其徐如林，侵掠如火，不动如山，难知如阴，动若雷震。”而巴顿将军曾说：“一个好的计划现在就去执行，要比下周执行一个完美的计划好得多。”对于生命体而言，时间是最稀缺、最宝贵的资源，因为，时间是一维的、永远向前的、不可逆的。成功，无论是结果还是过程，都是一定空间下的时间概念，一是速度性，二是持续性。成功的创业者一旦捕捉到良好的创业时机，便抓住不放，且立即投入，踏踏实实地去做。

6. 勤奋与工作狂

几乎每一个创业者都近乎是工作狂。正像美国管理学家伊查克·爱迪思所说：“创办一家成功的企业所需要的远不只是好的主意、有市场、有资金。新创企业所需要的是那种一旦公司诞生就能够夜不能寐的'产品斗士'"。世界富豪艾富赖得·佛勒认为："任何一个有雄心的年轻人，都能走上成功之路，但必须要勤奋；不但要手脚勤奋，更要勤用脑子。"创业者在创业初期以及发展阶段往往比其他人以及他们的雇员更需要勤奋工作。

7. 自信

创业家并不是天才，总有人在某些方面比他们强。但创业家往往拥有比常人要强的自信，这让他们能克服重重困难。

自信对创业者至关重要，特别是创业初期，困难重重，当你信念就要崩溃的时候，一定要告诉自己，再坚持一下。成功常常就在这"再坚持一下"。

8. 机敏

如何面对风险以及各种不确定性的因素是每个创业者所必须面临的。尤其是当信息不完全，时间紧迫的情况下做出最优决策，这就要求创业者必须头脑灵活，心思机敏。

9. 关心政治

经济与政治是密切相关的，因此，创业家应该关心政治。事实上，成功的创业家都十分关心政治，一般具有政治思维的广度和深度，能够吃透国情并善于运用政策。

成功的创业家并不是了不得的人物，也未必一定具备这些特征才可以创业，但是，有些特质是需要的。人人都可以创业，人人都能够成为成功的创业家！

8.1.3 创业的动因

当你有了自己创业的想法的时候，你应该仔细地想一下，自己为什么要创业？也就是需要思索创业的动机与原因。认定自己的创业动因是正确的，将有利于你在创业的过程中树立信心、坚定信念、能够克服创业中的困难，而取得创业的成功。那么，创业动因有哪些呢？

1. 做自己喜欢的事情

每个人对生活和工作都有自己的理解和追求，对很多人来说，在一个公司里做一般甚至高级员工，虽然有较高的薪资或比较舒适的办公环境以及较好的福利，但是，必须按照公司统一的战略规划及统一的步调日复一日、年复一年地工作，无论是否喜欢这样做或做这份工作，为了生活你不能失去这份工作，那么，你就必须服从公司的所有工作安排。有时可能会让你非常不情愿，但是也不得不去做，因为你是被雇佣者而非老板。

自己创办公司基本上就可选择自己喜爱的事业去开创，按照自己喜欢的方式（必须按照市场规律与法律法规等）去做自己喜欢的事情。在自己创办的企业里为自己而工作，做自己喜欢的事情，去实现自己的人生理想与抱负，是大多数创业者的创业理由。

2. 做自己能够做的事情

一般来说，一个人从小学到大学，或更高的学历；当完成学业后，很多人到已有的公司从事与所学的专业相符合的工作。但是，有的人在择业上，由于其他的原因而不能够从事自己所能够做的工作，或者说，公司分给自己的工作，自己即便是非常努力也做不好，这时，会有很多人在无可忍受的情况下，走上了自己创业的道路，去从事自己能够做的事情。

3. 认定了一个好的机会

无论是有意的还是无意的，在你的研究中或工作中，当你发现了自己认为很好的市场机会时，一般来说都会非常兴奋，为自己的伟大、聪明、远见卓识而兴奋不已，也有可能因此而走上创业之路。这样的例子在古今中外不胜枚举，一些高科技企业的创业，常常是这样的情况下起步的。

认定市场需要并不意味着你一定要发明一种新产品，有时候，更好或更经济的做法是提供一种价格更公道或服务更完善的产品。美国密歇根中小企业发展中心的瑞恩·豪尔认为："你的行业知识可以为你提供一种战略优势来确认市场，并从中获益。比如说，假设你是一位农产品经销商，你想到了一种新的销售方法。你知道消费者都会喜欢食用无农药和其他化学添加剂的果菜食品，即使是价格贵一些都不在乎。这就是健康食品正在世界各地以前所未有的速度蔓延开来的原因。你还可以想到可以把纯天然的全麦食品打包出售，每5公斤或10公斤一包，通过零售商店或以邮购方式来进行销售。"辛辛那提大学的查克·马修教授称这为"机会认知"，即在市场上能发现一种清晰的、但并未被别人发现的需求。凡是成功的创业家都必须有远见，也就是要看到别人看不到的东西。当一种新产品被引入市场时，我们经常可以听到有人用不屑的语气说："他们怎么会做这种东西？"是的，关键的一点是他们做了，因为他们看到了市场上的部分需求。即使是具备理想的条件，确定一块市场阵地只是开办自己公司的第一步，在确认市场需求后，你还需要计算好你能不能从中盈利，这些需求能不能够支撑一个企业。

4. 失业或下岗

失业或下岗常常是很多人自己创业的最常见的原因。失业的原因尽管很多，但对于失业者来说，需要考虑新的就业，而在面对就业压力和生活压力的情况下，很多人可能会痛下决心，开始走自己的创业之路。中国改革开放初期的创业者，就有很多是待业者或刚刚从农村回城但没有就业机会的下乡知青。而最近几年，国有企业的调整和转制，使得大批国有企业职工下岗，从而使一部分有头脑的人走上了自主创业的道路。

5. 为了改变家庭与个人的经济状况

为了改变家庭与个人经济状况也是常见的创业理由。由于在公司里工作的薪资不高，难以维持家庭的生活开销或提高家庭生活的质量，他们经过分析后发现，要想改变命运或现实的生活，必须走自己创业之路，让自己的能力尽情地得以发挥，并获取最大的经济回报。大多数出身贫寒、收入微薄的创业者，其最初的创业原因就是要改变自己的生活境地，改变经济状况。

6. 获得大的经济利益

为人打工只能赚到极其有限的薪酬，自己经营一家企业至少提供了赚更多钱的机会，至于是否富裕起来，则取决于是否将企业做成功。如果企业发展很好，作为创业者的收入、相比打工角色的额外收益要求等都是可以实现的。大企业都是由小企业发展起来的，如果新创的小企业发展起来了，创业者就会考虑使企业公开上市而增加企业价值，或通过出售而获得大量利润成功隐退。

8.1.4 创业的核心要素

对于创业，有很多的要素，但就核心要素而言，创业更应关注创业者、技术、资本和市场这 4 个关键要求。

1. 创业者

人们一般都认为创业一定要冒极大的风险。的确，在高科技和一些新兴的领域，创业的失败率较高。但是，对于大多数创业而言，并不存在很多危言耸听的风险，但是，又为什么会有许多创业失败者呢？德鲁克认为："事实上，因为少数所谓的'创业家'的无知，缺乏管理方法、违反管理规律，从而给创业精神的发挥蒙上风险的色彩，高技术创业家尤其如此。"现代风险资本的奠基人——乔治·多里奥认为："宁可考虑向有二流主意的一流人物投资，决不向有一流主意的二流人物投资。"确实，不是一个拥有技术的科学家或工程师就能够创业成功。创业不仅需要好的技术，更需要其他素质与能力，因此，创业者的素质与能力是创业成功的第一要素。

2. 技术

对于创业者来说，在创业准备的时候，确实需要认真地考虑，"我做什么？我能够做什么？"什么是技术？技术是将知识运用到实践中的手段、途径、工具或方法。企业之所以存在，是因为社会的需要，企业能够满足社会的"需要"。对于社会需要的技术，并不完全等同于科学家眼中的科学技术，社会需要的是既建立在科学基础之上，又能够满足实际需要的技术。因此，对创业者来说，应该以市场需要为中心，选择那些既不太超前于市场，也不要落后于市场的技术，这些技术的一个普遍特征是在市场中已经显现出应用前景，但还没有广泛应用。可见对于创业者而言，技术只需超前于市场半步即可，现实中很多的创业者凭着这样的一项技术而创造出一番大的事业。

3. 资本

创业者要想创业，除了具备创业家的素质和选择合适的技术项目外，还需要具有一定的资金。从创业角度看，创业资本是创业的关键要素。某企业咨询公司总结了近一千家创业失败的原因，创业资金的匮乏是重要的原因。正如人云：不是有钱就有了一切，但是，没有钱什么事也做不成。

4. 市场

企业的存在是因为能够满足市场的需要，如果没有市场需求，那么，新创的企业就没有生存的价值，自然也就不能生存。在竞争激烈的市场环境下，创业者如果不能开拓好市场并管理好市场，即便拥有最好的技术或比较雄厚的资金，也可能导致创业夭折。当然，一个优秀的创业者，是肯定能够开拓市场并管理好市场的。很多人总在期待市场高潮的到来，但是，对于创业者更需要坚持的是“创造市场”的理念。

重要提示

创业者运用经济资源和人力资源来实现他们的商业想法，经济资源包括资金和设备，人力资源包括精力、技能、知识和时间。

8.2 创业策略

职业院校学生要创业必须要有创业意识，然而当今许多职业院校学生具有创业冲动，却不知道如何创业，从何处下手。有的则是走一步看一步，没有创业的整体谋划，缺乏长远的整体性的规划。兵法有云：“先算先胜，而后才求战，可以不战而屈人之兵”，创业是一种具有风险性的活动，唯有进行周密部署详尽策划，才能取得最大的成功。因此，职业院校学生制定创业策略时，应把握一定的原则、掌握一定的方法。

8.2.1 职业院校学生创业的基本方向

虽然如今创业市场商机无限，但对资金、能力、经验都有限的职业院校学生创业者来说却并非“遍地黄金”。在这种情况下，职业院校学生创业只有根据自身特点，找准“落脚点”，才能闯出一片真正适合自己的天地。

1. 方向一：高科技领域

身处高新科技前沿阵地的职业院校学生，在这一领域创业有着近水楼台先得月的优势，“易得方舟”、“视美乐”等职业院校学生创业企业的成功，就是得益于创业者的技术优势。但并非所有的职业院校学生都适合在高科技领域创业，一般来说，技术功底深厚、学科成绩优秀的职业院校学生比较有成功的把握。有意在这一领域创业的职业院校学生，可积极参加各类创业大赛，获得脱颖而出的机会，同时吸引风险投资。推荐商机：软件开发、网页制作、网络服务、手机游戏开发等。

2. 方向二：智力服务领域

智力是职业院校学生创业的资本，在智力服务领域创业，职业院校学生游刃有余。例如，家教领域就非常适合职业院校学生创业，一方面，这是职业院校学生勤工俭学的传统渠道，积累了丰富的经验；另一方面，职业院校学生能够充分利用职业院校教育资源，更容易赚到“第一桶金”。此类智力服务创业项目成本较低，一张桌子、一部电话就可开业。推荐商机：家教、家教中介、设计工作室、翻译事务所等。

3. 方向三：连锁加盟领域

统计数据显示，在相同的经营领域，个人创业的成功率低于 20%，而加盟创业的则高达 80%。对创业资源十分有限的职业院校学生来说，借助连锁加盟的品牌、技术、营销、设备优势，可以较少的投资、较低的门槛实现自主创业。但连锁加盟并非“零风险”，在市场鱼龙混杂的现状下，职业院校学生涉世不深，在选择加盟项目时更应注意规避风险。一般来说，职业院校学生创业者资金实力较弱，适合选择启动资金不多、人手配备要求不高的加盟项目，从小本经营开始为宜；此外，最好选择运营时间在 5 年以上、拥有 10 家以上加盟店的成熟品牌。推荐商机：快餐业、家政服务、校园小型超市、数码速印等。

4. 方向四：开店

职业院校学生开店，一方面可充分利用职业院校的学生顾客资源；另一方面，由于熟悉同龄人的消费习惯，因此入门较为容易。正是由于走“学生路线”，因此要靠价廉物美来吸引顾客。此外，由于职业院校学生资金有限，不可能选择热闹地段的店面，因此推广工作尤为重要，需要经常在校园里张贴广告或和社团联办活动，才能广为人知。推荐商机：职业院校内部或周边地区的餐厅、咖啡屋、美发屋、文具店、书店等。

8.2.2 如何获得“第一桶金”

财富是一点一滴积累起来的，企业家也是从赚到第一笔钱，有了资本，利用和壮大资本而走上成功之路的。可见，“第一桶金”是人生走向独立、走向成功和辉煌的重要开端。如何获取“第一桶金”呢？

1. 挑选自己喜欢的项目还是赚钱的项目

选择合适的经营项目是首要难点，职业院校学生创业首先要结合自己的兴趣来做，创业和就业一个道理，不干自己喜欢的工作，永远也干不好。但也可灵活行事，刚开始创业时，可选择一些门槛较低的项目，在挖到第一桶金之后，到时再转到自己喜欢的项目也不迟。

2. 从头开始进行原始资金积累

职业院校学生创业的原始资金积累，一是寻找投资人，寻找投资人且要双方互相认可是一个漫长的过程，需要耐心。只要你的项目好，就一定找得到投资人，一定要坚持。二是从“小”积累资金，一些看似不大的业务，可以使职业院校学生在边积累经验的同时还能积累原始资本，有的职业院校学生毕业之后还先去跑出租车，就是为了从一个门槛很低的项目中积累开业资金。三是可以申请小额贷款。

3. 少几分妄想，多几分学习

职业院校学生创业，一是跟有经验的合伙人学习。二是先自学，再实践。这个过程没什么技巧，只能靠不停地汲取缺乏的知识，并把知识恰当地运用到实践中，同时不断地学习别人的成功经验，使自己尽快地成长起来。对于创业者来说，要积累的知识、锻炼的能力、培养的素质很多，一定要抓紧时间进行。

8.2.3 创业知识准备

决定创业，是个人职业生涯中的一个重要的转折点。作为创业者，除了应具有扎实的专业知识和技能之外，还应掌握一定的管理、营销、财务、法律等方面知识。

1. 管理知识

一个初创的企业要想早日走上正轨并做大做强，或早或晚都要过“组织架构设计”这道关。组织架构设计中最根本的问题就是决策权限的分配，简单地说，就是首先要解决“谁说了算”的问题，更准确地说法是解决“什么事情谁说了算”的问题。只是简单地规定“谁听谁的”无法应付日益复杂的经营管理问题，没有一个有效的决策权限分配系统，上级不能有效地管理下级，这类企业在规模尚小时问题还不大，达到一定规模后效率则变得极其低下，甚至会危及企业的生存。

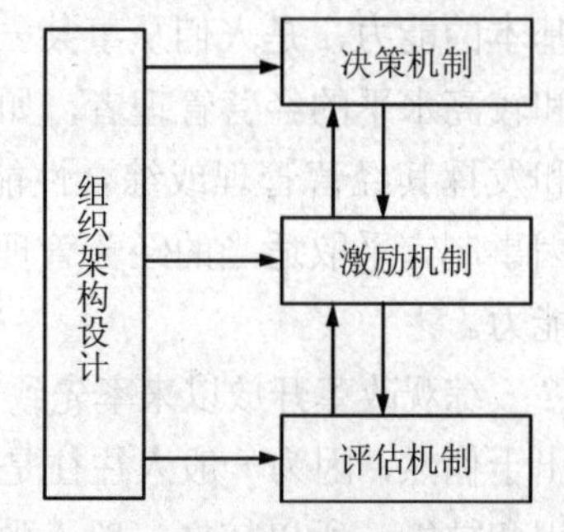

图 8-1 组织架构设计

根据管理学原理，组织架构设计主要包括 3 个关键方面：决策机制、激励机制、评估机制。三者相互联系，互为依存。决策机制需要有相应的激励机制和评估机制加以配合，以有效鼓励拥有决策权的人做出有利于企业的决策，有利于监督和评估决策质量和决策效果；反过来，有了员工激励机制，也要给他们相应的参与决策、参与管理和监督的权力，以便员工按权限采取行动，并有相应的业绩评估体系来为自己的行动作参考。决策权限分配、员工激励机制和业绩评估体系三者相互协调，是理想的组织架构设计，是初创企业在设计组织架构时值得参考的重要原则，如图 8-1 所示。

2. 营销知识

营销管理是指分析、规划、执行和控制各种方案，以便与目标市场的顾客建立和保持互惠交易以实现组织的目标。营销管理的实质是制定一套开发客户、提供服务、到收款及售后服务的企业运作流程。例如，如何选择成本最低、成效又最高的行销方法；如何找到可靠且成本低廉的供货商；如何提供成本最低却又能符合需求的产品与服务；怎样收款流程最顺畅，以及如何降低呆账率化解风险等。创业者可先试着找出同业中谁最赚钱，仔细观察其运作方式，然后根据自己企业的情况去调整这套运作模式，建立属于自己的营销制度。

3. 财务知识

企业正式运作后，要了解公司是否上轨道“让财务报表说话”是最好的方式。不少职业院校学生创业者由于缺乏起码的财务管理知识，因而从企业初创阶段就没有养成良好习惯，既不了解自己一个月到底净赚多少，实际毛利率有多高，也没有充分考虑预留周转金，因而由于一笔款项周转不灵而导致创业失败的例子屡见不鲜。为此，创业初期除了启动资金外，预留一定的流动资金、发展基金是非常必要的。

此外，创业者要充分了解经营状况，最好要掌握一些账目管理的基本知识，翔实记录收入支出、进货销货以及成本核算等。

8.2.4 创业能力准备

从事创业活动到底需要具备哪几个方面的能力呢？从对无数创业成功者的能力分析中可以看到，在创业实践活动中直接发挥效率有 3 种不同层次的创业能力，它们从低到高依次是：专业技术能力、经营管理能力和综合性能力。

1. 专业技术能力

创业者是以自己的服务式产品为社会作贡献的，其劳动价值要能得到社会的承认，当然要以精通专业操作为基本前提。在创业能力中，专业技术能力（包括技能技术）是最为基本的能力，是人们从事某一特定社会职业所必须具备的能力和本领。一个具有丰富经验和较高水平的经营管理者，如果不熟悉、不了解某一专业或职业的特殊性就可能无法施展和发挥其经营管理或综合性能力。只有把握住了某一专业、职业的特点，才能以症下药、因事制宜采取适当的经营管理方法。从这个意义上讲，专业技术能力是一种最基本的创业能力。

综观改革开放以来率先致富的人们，其中有相当一部分是能工巧匠、经营行家。这并非出于偶然，因为一般人往往是“想干不会干，想富没门路”，而他们具有某一方面的专业知识和技能，所以较之一般人致富的门路要广；也正因为他们的专业知识和技能已经达到了精通的程度，所以其产品或服务往往质量较高，或成本较低，或兼而有之，从而在市场竞争中占有优势。因此，创业者若要从事创业活动并期望成功，必须根据自己的创业意向，掌握相关的专业知识和技能。

2. 经营管理能力

在创业能力中，经营管理能力是一种较高层次的能力。它从以下几个方面直接影响创业实践活动。

（1）经营管理能力涉及创业实践活动的每一个环节：规划、决策、实施、管理、评估、反馈，影响到创业实践活动的全部过程。有人认为经营管理就是控制和调节的艺术。

（2）经营管理能力涉及创业实践活动中人的选择、使用、组合和优化，涉及群体控制的各个方面：群体目标、群体内聚力、群体规范和价值等。有人说经营管理就是人才的发现和使用的艺术。

（3）经营管理能力涉及创业实践活动中资金的分配、使用、流动、培植等环节的过程，从而影响实践活动的规模和效益。有人说经营管理就是资金的运筹艺术。因此，经营管理能力是创业能力中的运筹性能力，直接提供效率和效益。它大致可以概括为善于经营、善于管理、善于用人、善于理财这4个方面来具体阐述经营管理能力，如图8-2所示。

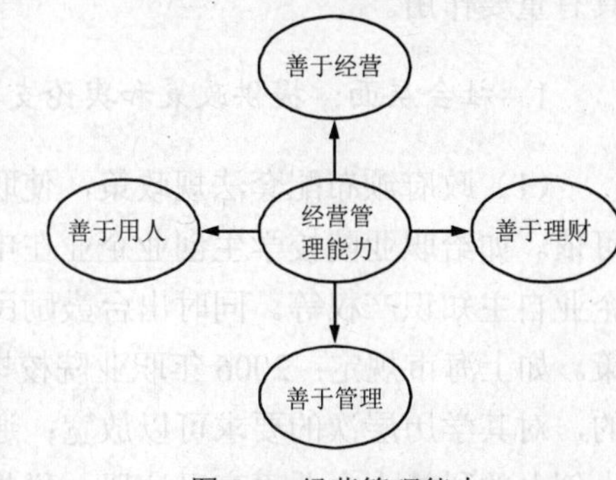

图8-2　经营管理能力

3. 综合性能力

在创业能力中，综合性能力是一种高层次的能力，具有很强的综合性特征。首先，它是由多种特殊能力与经营管理能力综合而成的。这里特殊能力主要有：发现机会、把握机会、利用机会和创造机会的能力；搜集信息、处理加工信息、运用信息的能力；适应变化、利用变化、驾驭变化的能力；公关、社会活动能力等。这种特殊能力一旦与经营管理能力结合，就从整体上全方位的影响和作用于创业实践活动，使创业实践活动的方式和效率产生根本性的变化。

成功的创业者有着一些共同的特征，这些特征对创业的成功有着重要的作用。因此，进行创业决策，是从对这些特征和特质的了解，并进而对自我的了解和探索开始的。

8.3　职业院校学生创业现状

8.3.1　职业院校学生创业现状分析

我国职业院校学生创业的情况并不理想，主要表现在以下3个方面。

（1）与庞大的高等教育接受者基数相比，自主创业者的比例还比较小，且结果并不令人满意。一项权威调查表明：大部分职业院校学生公司或卖或被并购，一半以上的公司由于资金问题根本无法投产。

（2）职业院校对职业院校学生创业教育的思想认识不足，意识淡薄，同时创业教育的学科基础薄弱，体系尚未构成。各职业院校尽管也提“创业教育”，但大都停留在“口号”宣传上，或是应急的“治标”手段上，缺乏创业教育的浓厚氛围和有效环境，难以形成科学的、系统的体系。

（3）职业院校学生普遍缺乏良好的创业心理品质。随着社会和经济的发展，人与人、人与外界的联系和交往越来越频繁，人际关系日趋复杂。职业院校学生创业活动也是一个复杂、多样的活动，需要创业者具备良好的心理品质，包括独立性、坚韧性、克制性、适应性，以及积极乐观的人生态度、较强的人际交往能力等。而这些品质，正是当前职业院校学生，尤其是“独生子女”职业院校学生所欠缺的。

8.3.2 推进职业院校学生创业的对策

我国的职业院校学生创业还刚刚起步，塑造良好的创业环境对推进职业院校学生创业具有重要作用。

1. 社会层面：提供政策和舆论支持

（1）政府颁布配套法规政策，使职业院校学生创业行为受到法律保护，遇到问题有法可依。如给职业院校学生创业企业在申请与税收方面以优惠，以及保护职业院校学生创业企业自主知识产权等。同时出台鼓励民间资本参与、扶持职业院校学生创业活动的优惠政策。如上海市规定：2006 年职业院校毕业生中，凡经营科技小企业的非上海生源申请留沪的，对其学历层次的要求可以放宽；通过市高新技术成果服务中心认定，由职业院校毕业生创办的科技小企业可享受注册、税收等方面一系列优惠政策。教育部也颁布了一项新政策：职业院校学生、研究生可以休学保留学籍创办高新技术企业。

（2）构建服务体系，营造创业文化。政府设立专门的基金委员会，资助、跟踪、指导职业院校学生创业企业的成长与发展。政府借助有效的社会科技力量，给予职业院校学生创业企业技术发展方面的指导与支持。另外，政府可以在高新科技园区或其他类型的孵化器中，开辟供给职业院校学生创业企业发展的良好成长环境，充分利用现有资源，使得职业院校学生创业迈向成功的道路更加平坦。再者，可利用各大媒体受众面宽广的优势，在全社会范围内营造良好的创业氛围，给民众与职业院校学生树立创业榜样与典范，形成一种激情创新、理智创业的良好局面。

2. 职业院校层面：建立完善的创业服务体系

（1）成立独立研究、指导学生创业的服务机构。现在职业院校中指导职业院校学生创业的部门一般隶属于就业办或团委这两个部门之下。若该机构能成为独立部门，打造一支指导职业院校学生创业的专业团队，全程指导学生进行职业规划与设计、培养学生创业意识、协助学生创业，那将为职业院校学生创业发展提供完善的服务，实现个人的理想与价值；同时也是大学课程改革和专业设置调整以适应社会发展需要的重要信息来源。

（2）营造创新创业的校园氛围。充分利用校内外各种资源，营造毕业生自主创业的良好氛围，积极引导广大毕业生的创业热情。通过网络、课堂和课余等各个环节的直接咨询与交流，帮助广大职业院校学生树立正确的创业观，鼓励学生敢于创新、勇于创业，主动发现机遇。同时可邀请创业成功校友回校，与毕业生交流创业体会，结合成功者自己的创业经历，和广大在校学生交流，分享经验得失，鼓励同学积极创业。

3. 个人层面

职业院校学生要转变观念，解放思想。受我国传统文化与教育的影响，绝大多数毕业生找工作普遍有“重稳定，轻发展”的倾向，即使学生本人有创业倾向，也往往会受到来自亲朋好友的善意规劝，创业态度不坚决的学生大多会受其影响，转而成为现有工作岗位的竞争者。因此职业院校学生要围绕创新创业所需才能，从各方面尽早提升自己。同时，要在理论学习与实践需求之间形成良性互动与循环，不至于出现学、用脱节的现象。当机会来临时，大胆出击，抓住机会。

8.4 创业实践

8.4.1 确定目标

职业院校学生在创业时把握商机，确定创业目标，是走向事业成功的起点和关键。一个好的创业项目应该有新意，而且有明确的前景目标。创业目标的确定应该基于对创业项目的调查和分析，对创业项目的风险也应该有清醒的认识和分析。

1. 明确创业目标

明确创业目标需要回答以下几个问题。

（1）你将经营什么？

（2）你的经营理念是什么？

（3）你的产品和服务是什么？

（4）你的顾客是谁？你当前的顾客基础和你选择要服务的目标市场能进一步帮助你弄准经营定义。

（5）顾客为什么从我们这里买？每一种经营都有充分的竞争者。而且你的顾客和潜在顾客对产品和服务有广泛的选择余地。

（6）是什么使我们的企业同我们的竞争对手区别开来？你不寻常的经营特色是什么？按照你的市场眼光，如果你能把自己与竞争对手区分开来，你就抓住了强大的优势。

2. 创业项目分析

虽然你已经考虑和写下了你创办企业的构想，但是你还需要对它进行分析，进一步了解其可行性和风险。你需要知道它是否使你的企业具有竞争力和赢利。我们知道企业是以盈利为基本目的，而企业利润 = 销售 − 成本。企业要成功，首先销售要成功，也就是说先要做好市场（这基本是外部的）；其次，要控制成本（这个是内部的）。

3. 立项——制订行动计划

从你的灵感触发构想，到进一步明确你的想法，到进行 SWOT 分析，以及各种风险预测和对策，你可以说是绞尽脑汁，付出千辛万苦，但你还要做一下全面的回顾和总结。问自己几个问题：是否有克服不了的困难？是否有规避不了的风险？将你的想法同一位经验丰富的老师或长者进行交流，征求他人的意见。然后制定切实可行的行动计划。

如果你坚信你的想法是周全的，而且老师长者的态度也是鼓励支持，那还有什么犹豫，张开创业的翅膀，大胆翱翔吧。

阅读材料

创业 6 大死穴：贪大求全死得快

1. 短视老板短命店

因为中国曾经缺乏创业环境，所以，我们的企业家就像个被带进烧饼店的饿鬼，抓到什么吃什么。很多企业家彼此的区别就是有的被带进了烧饼店，有的被带进了饺子店，不远处全聚德的招牌却没人看见。没有长远战略规划的企业是短命的。

2. 贪大求全死得快

企业在创建以后，成长是个必经的过程。如果过分追求成长速度，无异拔苗助长。其实，企业经营好比一场马拉松比赛，不是看谁现在跑得快，而是看谁能在关键时刻跑到别人前面去。在创业过程中，当企业效益逐渐凸显后，创业者不能一味地扩大营运规模，而应关注并妥善处理资金预算、市场预测，以及材料、人员相关要素的协调等管理问题。如果对这些问题没做好充分准备，高速的增长只能带来巨大风险。

3. 熟人搭伙好开饭

很多创业者在选择“合伙人”时，总喜欢在熟悉的“圈子”里找。由于彼此熟悉了解，因此在创业初期常凭感情做事，忽视了必备的契约签定和严格的约束制度。于是，随着企业的成长，这种工作关系引发的矛盾和问题逐渐显露，不仅不利于企业发展，有时甚至导致企业步入破产境地。

4. 哪儿热闹奔哪儿

有些创业者在确定经营方向时爱盲目跟风，哪行赚钱就做哪行，总觉得这样能少走弯路。然而，市场运作有其自然周期及空间，一旦跟错了，就会掉进投资的陷阱。因此，创业前周密的市场调查和理性的分析尤为重要。

5. 你办事我不放心

无论作为老板的你有多能干，都不可能一个人做完所有工作。在不同专业范围内雇用有关的专才，给予他们发挥的空间，才能令公司得到最大利益。

很多大老板就是学不会信任下属。商战的现实已经证明，一头狮子领导的绵羊是很难“走出非洲”的。

6. 跑得又快又省料

多快好省，这是理想化到几乎无理性的说法。又要马儿跑，又要马儿不吃草，似乎是萦绕在大多数老板心中的、对下属的美丽期待。在中国，高薪能不能养廉咱们另说，没有高薪想聘到良将的机会相当渺茫。您要是觉得这么大的一个企业自己玩不转，想找几个帮手，请提前设计好激励机制。

资料来源：罗纯文. 个人创业的六大死穴. 农家科技. 2008 年 04 期，有删改.

8.4.2 制订创业计划

创业计划书是指创业者在创业初期所编制的商业计划。创业初期，投资风险比较大，一般很难获得商业贷款或创业基金，风险投资商也对处于这一时期的企业投资非常小心。因此，这个时期需要编制大量的创业期文书，用于说服别人，规范自己。换言之，创业计划书就是指明计划的投资价值所在，解释是什么（What）、为什么（Why）和怎么样（How）的一种商务文书。

1. 为何要拟定创业计划书

俗话说：“凡事预则立，不预则废”。没有创业计划就无法融资，这是被广泛证实的事实。从某种意义上讲，创业计划书是一件艺术品，它是公司形象与个性的象征。在创业之初，当你征询潜在的投资者、或者向银行申请贷款、或者准备聘用高层管理人员、或者准备同某一供应商建立长期往来关系时，对方都会要求创业者提供创业计划。这个时候，创业者必须拿出事先准备好的创业计划，这样才能有效地宣传自己并节省宝贵时间，提高工作效率。

2. 创业计划书的作用

创业计划书的作用是不断发展的，现今他已经由单纯的面向投资者转变为企业向外部推销宣传自己的工具和企业加强管理的依据等，其作用主要体现在以下 3 个方面。

（1）使创业者整体把握创业思路、明确经营理念。一个酝酿中的项目，往往很模糊，通过制订创业计划书，把正反理由都书写下来。然后再逐条推敲。创业者这样就能对这一项目有更清晰的认识。编写创业计划书，可以使创业者整体把握创业思路、明确经营理念；可以帮助创业者有效管理企业并走向成功；还可以宣传创业企业，并为融资提供良好的基础。创业计划的编写过程就是创业者进一步明确自己的创业思路和经营理念的过程，也就是创业者从直观感受向理性运作过渡的过程。

（2）帮助创业者有效管理企业，并走向成功。编制成功的创业计划书是一份非常有意义的企业文献。它可以增加创业者的创业信心，因为创业计划提供了企业全部现状及其发展方向，同时创业计划又为企业提供了良好的效益评价体系及管理监控标准，使创业者在管理企业的过程中对企业发展中的每一步都做出客观的评价，及时根据具体的经营情况调整经营目标，完善管理办法。此外，创业计划还可以激励管理者及公司员工，让企业的每一位成员了解本企业的发展战略和创业计划，并朝着同一目标努力。

（3）宣传创业企业，为融资提供良好的基础。如同推销人员参加商品展览会、公司总经理参加高层会议一样，书面的创业计划是创业企业的象征和代表；它使创业者与企业外部组织及人员有良好的沟通，是企业对外宣传的重要工具。

3. 创业计划书的基本类型

创业计划书没有固定的格式。采取什么样的方式编写创业计划书，关键要看创业计划的编写目的是什么。为实现不同的目的应该采用不同的方法加以编写，同时突出不同的侧重点。在具体编写的过程中，创业者应根据具体案例调整结构，增删要素和议题，采用灵活多样的形式使创业计划更有效。以创业计划书的结构和篇幅来划分，可以将创业计划书分为略式创业计划书和详式创业计划书两大类。

（1）略式创业计划书（概括式）。略式创业计划书是一种比较简明、短小的计划，它包括企业的基本信息、发展方向，以及少部分的辅助性材料。一般来讲，略式创业计划书应适应于申请银行贷款、试探风险投资商的兴趣等情况。

（2）详式创业计划书（标准式）。详式创业计划书是标准的创业计划书。详式创业计划书一般篇幅较长，内容达数十页，并附有辅助性文件。在详式创业计划书中，创业者能够对整个创业思想有一个比较全面的阐述，尤其能够对计划中关键部分进行教详细的论述。

4. 创业计划书的基本框架

创业计划书没有固定的格式，创业计划书的框架也有多种形式，下面以一种比较常见的创业计划框架为例来进行介绍。在实际编写过程中，编写人员可以根据具体情况进行取舍，其主要包括以下几个部分。

（1）封面和标题页。封面一定要明确写出创办企业的名称、地址、电话以及该计划通过的日期。标题页紧随封面之后，应该再次写明企业的名称和地址；同时还应写明总裁姓名、地址和电话号码。在上方一角，注明复印件号码与保密级别字样，并在封面或标题页下方注明保密声明。

（2）目录。目录包括按一定次序排列的各部分内容名称及其页码。

（3）正文。创业计划书的正文包括以下 10 大要素。

① 执行纲要。这部分是计划的核心之一。它是计划的编写以及计划的最终效力的关键

所在。

② 企业概要及经营理念。创业计划必须提供企业的基本信息：历史、现状以及实现这些目标的途径。

③ 产品（或服务）介绍。在此应该描述企业的产品（或服务），以及他们的特殊性，产品（或服务）的构成是什么，价格如何，哪一些服务是企业能够提供的，以及哪一些是不能提供的。

④ 生产制造计划（技术和工艺）。这一部分主要针对科技创业并且企业所从事的行业属于新兴高技术领域的创业企业，对产品的生产工艺流程以及技术路线、技术的创新性、独特性和可发展性等问题进行阐述。

⑤ 市场与竞争。市场的内容包括企业的行业分析、市场细分、目标市场的选择等，竞争的内容指对企业竞争环境、竞争对手的分析。

⑥ 营销策略计划。包括企业的销售策略、销售组合和促销手段等。

⑦ 企业管理计划。在这一部分重点介绍企业的组织机构、管理方式以及主要管理人员。

⑧ 筹资方案。这一部分阐述创业企业的筹资渠道和方式以及具体操作办法。

⑨ 财务计划。这一部分主要包括企业的 5 年财务预测以及相应的财务指标。

⑩ 风险分析。这一部分提出企业未来可能遇到的风险以及避免和控制这些风险的手段和措施。

（4）附件。包括个人简历、推荐信、意向书、租赁契约、合同、法律文件以及其他与计划有关的文件。

8.4.3 实施计划

创业者有了良好的创业构想和设计周密的创业计划之后，就进入了资金筹措、场地寻址、工商注册、生产许可证申请阶段，然后开展企业日常运作。

1. 资金筹措

创业必须要有足够的资金启动，没有足够的资金是无法创业的。对没有足够资金的职业院校学生来说，寻求亲朋好友的支持或是再结合一二位志同道合者共同投资创业是最比较可行的方法。另外，还要重点了解国家和地方政府对职业院校学生创业的扶持性政策，争取这样的政策性扶持资金。

2. 场地寻址

企业经营必须要有经营地点，对于刚刚创业的职业院校学生来说，场地寻址是一项十分重要的工作。经营地点选择妥当，不仅能降低经营成本，而且对某些行业来说还是企业经营成功与否的关键所在。

这里要考虑以下两个因素。

（1）经营地点选择应有利于业务发展。

（2）严格控制场院地租金费用。

这个因素是互相冲突的，好的经营地点，如繁华闹市，自然租金贵；而郊区租金虽然便宜，但对有些行业显然又严重影响业务发展。因此，二者要平衡考虑，兼顾各方面的因素。

3. 工商注册

设立公司，需具备《中华人民共和国公司法》规定的下述条件。

（1）股东或发起人符合法定人数。有限公司应有 2 个以上 50 个以下股东（国有独资公司除外），股份有限公司需有 5 个以上发起人，其中过半数的发起人在中国境内有住所。

（2）有限责任公司股东出资或股份有限公司发起人认购和社会公开募集的股本达到法定资本最低限额，股份有限公司股份发行、筹办事项符合法律规定。

（3）有符合规定要求的公司章程。有限责任公司章程由全体股东共同制定并签名、盖章。股份有限公司章程由发起人制订并经创立大会通过。

（4）有公司名称，建立符合要求的组织机构。

（5）有固定的生产经营场所和必要生产经营条件。

公司设立手续如下：应先向工商部门办理名称预行核准登记，核准后工商部门再根据你申请的具体经营范围判定是否需前置审批，如不需前置审批则直接向工商部门办理设立手续，如确需前置审批的，则需要获得有关部门的前置审批后方可向工商部门办理手续。

4. 生产许可证申请

《中华人民共和国产品质量法》规定：“产品生产者应对其生产的产品质量负责”。1984 年 4 月 7 日由国务院颁发的《工业产品生产许可证试行条例》更严格规定凡实施工业产品生产许可证的产品，企业必须取得生产许可证才具有生产该产品的资格。没有取得生产许可证的企业不得生产该产品，各级经济管理部门不得安排计划，不得供应材料、动力和提供生产资金。生产许可证的实施，由国家经济委员会（以下简称国家经委）统一组织领导，产品归管理部门负责审核、发证，省、自治区、直辖市经济委员会（以下简称地方经委）协助管理。实施工业产品生产许可证的产品的目录可查询国家质量总局网站。

5. 企业日常管理

管理企业几乎每天都要作出决策，例如，市场变化，员工离职，出现新的竞争对手等，这些都需要及时作出正确决策。这就要求管理者时刻有心理准备，不仅要关注外部环境，而且要监督企业的日常运营，识别任何影响机会和威胁。

重要提示

管理者必须注意那些影响企业的关键因素。这些关键因素因行业性质不同而变化。如对于时装专卖店来说，最新服装款式是关键因素；而汽车修理铺，则熟练技术工人是关键因素。

从某种意义上说，小型企业老板比起大型企业的一个部门经理来工作难度更大，责任面更广。在大型企业里，市场营销部经理留意市场变化，而运营经理集中于新技术。但是在一家小型企业里，老板关心与企业经营有关的所有一切事情，他必须关心每天的销售情况、人事、库存、运营、财务、新产品、赊账、促销，以及经济发展趋势等。老板的责任包括对已经建立起来的业务流程进行有效控制，这是企业生存和发展的关键所在。

8.4.4 发展壮大

对于发展较好的初期创业者来说，完成了原始积累，有了一定规模之后，就有一个如何向更高层次过渡，创造辉煌的问题。

一般来说，企业的发展壮大主要包括以下几个方面的内容。

1. 品牌和信誉

品牌作为一种无形资产，经营成功与否，对于企业的成长与发展至关重要。在市场品牌竞争日趋激烈的情况下，企业实施品牌战略的重点，是进一步发展、壮大品牌，确保取得长久的品牌效益。

企业初创时期，品牌和信誉等问题不是企业成长的关键点，但到了发展壮大时期，则塑造自己的品牌和信誉度已经刻不容缓——因为知名品牌意味着市场占有率，意味着“回头客”，意味着同样的产品可以买更高的价钱。

品牌是知名度、美誉度、信誉度的有机结合。知名度是前提，品牌是信息连通器，美誉度是保证。首先让别人知道这个产品；其次让别人知道这是个好产品；最后是信誉度，让消费者信任并延续，并会产生再次购买的欲望。

企业创立品牌后，不但要做好品牌经营工作，更善于从战略角度谋划，运筹好经营品牌。例如，以“牌”扩业，兼并或与市场竞争力不强的企业合作，从而迅速做大；又如，以“牌”聚资，吸引更多资金实现滚动发展，不断扩大市场规模和品牌影响力，进行新品开发、科技进步和质量管理，寻求更大的优势；再如，以“牌”引才，壮大企业智力优势，为品牌提升和长远发展奠定战略性人本基础。

2. 企业规模和企业合作

企业规模问题是指根据企业自身的条件、当时的经营状况以及经济环境来决定企业规模的问题。太大不行，太小也不好。盲目扩张会带来经营上的巨大风险，而规模太小则有成本高、技术含量低、过度竞争等弊端。在二次创业中，企业规模的“大”与“小”，主要看是否有利于提高企业的竞争力，对企业的滚动发展能力能否有足够的促进。必须明确，企业无论在战略还是战术上，都必须把增强竞争能力，能否有最优化的利润放在首位，做大还是做小，都必须服从这一战略目标。

另外，还要看到在市场经济条件下，每个人、每个企业、每个地区、都有自己的比较优势。因此，与相关企业合作，各自发挥自己的比较优势，双方互利共赢，这样不仅可以共同把市场份额做大，还便于规避进入自己并不熟悉的领域所带来的风险，成功找到自己的生存空间。

3. 规范管理和建章立制

发展好的企业，大多经历了一个急剧扩张的时期，与之相伴随的是重生产、重营销，企业内在的管理也就被放到了相对次要的地位。但当企业的规模急剧扩大之后，昔日管理小企业甚至家庭作坊式的管理方式、管理经验出现弊端，如果不加强管理体制，规范管理，难免会出现狗熊掰玉米的现象。因此，企业在二次创业中必须建立一系列规范而科学的管理制度，通过加强管理来提高企业的素质，从长远来看，这是打造企业核心竞争力的重要一环，是在长期管理中铸就企业素质。

企业初创阶段，无论是家族化管理还是合股好友间的不分彼此，由于成员的凝聚力、战斗力，使其有着天然合理性。然后随着企业规模的扩大，其管理需要纳入更加科学的轨道。现代企业更加注意股权的多元化、人才的吸纳和管理的规范，并最终向现代企业制度过渡。如何理解制度建设对企业二次创业的重要性呢？“造钟”与“报时”是一个很好的例子。假设有两个人都很聪明，其中一个聪明人能够通过天象报时，但他这种机能却很难为别人所掌握；而另一个聪明人造了一座钟，这样就可以为更多的人报时。从对经济发展的作用来看，自然后者的作用更大些。对于一个优秀的创业者来说，就是要成为一个“造钟”者，而不是成为一个“报时”者。那么创业者“造钟”的基本内容是什么呢？它的基本内容包括：远大的目标、核心竞争力、应变能力、企业文化、科学而严格的生产管理、营销管理、人事管理以及财务管理等。企业初创阶段“报时”者不乏其人，而二次创业的核心任务则是“造钟”。

4. 二次融资

融资难仍然是困扰中小企业发展的一个主要因素。企业发展初期所需要的资金大部分是通过自我积累解决的，但在新经济的形势下，自我滚动式的发展模式很难满足企业的扩张需要。如何通过多种融资渠道获得更多的资金，成为中小企业必须解决的问题。

在目前的情况下，中小企业由于资信不够以及经营具有很大的不确定性，从银行信贷筹措到足够的资金仍然有不小的难度。中小企业要想提高发展速度，必须解决资金问题，这就要打破固有的思维模式，多渠道全方位进行融资。中小企业可以将目光转向创新基金和风险投资基金，以顺利突破发展道路上的“资金关”。

5. 企业文化

企业文化是公司能否拥有核心竞争力的根源，企业文化包括 3 个层面上的文化：产品文化、制度文化及价值文化。从某种意义上而言，企业文化虽然并不直接解决企业赚不赚钱的问题，却可以解决企业可持续发展的问题。企业文化的本质内涵是“以人为本”，通过一系列的激励机制，充分调动员工的积极性，把人的潜力发挥到极致，使追求企业发展与个人发展相一致。企业文化要靠制度来体现和烘托，靠氛围来影响，靠细节来体现，这是建立在制度之上的一种更高层次的管理。对于民营中小企业而言，技术可以仿制，管理模式可以引进，形象包装和品牌建设可以交给专业公司打造，唯有企业文化，只能产生于企业内部，需要踏踏实实地积累和创建。

8.5 创业过程中常见的问题及对策

创业者一般都认为最艰难的时期是筹备创业的阶段，殊不知企业正式运作后，各式各样的问题接踵而至，新企业随时都面临“猝死”的可能。本节分析了职业院校学生创业中常见的 8 方面的问题，并逐一提出对策，以助职业院校学生创业成功。

8.5.1 职业院校学生创业过程中常见问题

创业是一项复杂的活动，职业院校学生在创业过程中由于缺乏必要的经验和认识，经常走入误区，造成创业失败。下面针对职业院校学生创业过程中出现的问题作必要分析，并提出对策，帮助职业院校学生在创业活动中少走弯路。

1. 眼高手低，盲目跟风

这是许多职业院校学生创业的“通病”。比尔·盖茨的神话，使 IT 业、高科技业成为职业院校学生眼中的创业金矿，以致不少学生不屑于从事服务业或技术含量较低的行业。其实，高科技创业项目往往需要一大笔启动资金，创业风险和压力都非常大，职业院校学生期望值过高，对行业缺乏深度审视，对市场缺乏深刻了解，很容易失败。另外，他们在确定经营方向时爱盲目跟风，哪行赚钱做哪行，总觉得这样能减少投资风险，少走弯路。然而，市场运作有其自然周期，当市场过于饱和时，利润空间就会缩小，“一窝蜂”热潮有时正意味着“恶性竞争”即将来临。

对策：创业需要理智而不是冲动，需要冷静而不是狂热，选择好创业项目是创业成功的关键。职业院校学生创业者首先要调整好心态，客观分析自身的创业条件，冷静分析创业环境，切忌盲目跟风、过于自负，一定要选择自己最熟悉、最擅长、最有经验、资源最丰富的行业来做。对选择的创业项目要多提问题，看是否有市场发展价值、前期投资是否太多、何时可收回成本等，第一步走稳了再走第二步。

2. 经验匮乏，纸上谈兵

缺乏经验是目前职业院校学生创业中普遍存在的问题，不少职业院校学生创业者不习惯对其产品或项目做市场调查，而是进行理想化的推断。例如，“如果有一万人需要我们的产品，每件售价 10 元，我们就有 10 万的收入。”这种想当然的方法显然是站不住脚的。同时又没有切实可行的创业计划，缺乏从职业角度整合资源、实施管理的能力，这是职业院校学生创业失败的另一个重要原因。

对策：职业院校学生创业不能“纸上谈兵”，在创业初期一定要做好市场调研，一些可行性研究也可委托专业机构进行，在了解市场的基础上，要制定详细、周密的创业计划，同时还应具备一定的企业管理及市场营运的知识和经验。即使是两三人的“办公室式”小企业，也必须有明确的财务、人事制度。有条件的话，可聘请有管理经验的会计师把关。

3. 感情用事，刚愎自用

由于创业团队的成员大多是自己熟悉的人，在创业初期，职业院校学生社会与人生经验不足，常感情用事，对于企业中出现的经营方向、用人问题、财务问题等大都以忍让、和解的方式处理，而忽视了必备的契约签订和严格的约束制度。同时，职业院校学生一般个性、自信心较强，在创业中又容易出现自以为是、刚愎自用的问题。随着企业的成长，这种工作关系引发的矛盾和问题会逐渐显露，不仅不利于企业的快速发展，有时甚至导致企业步入破产境地，这些都影响了创业的成功率。

对策：在强调团队合作的今天，团队精神已经成为了职业院校学生创业者不可缺少的素质，因此，职业院校学生创业者在创业过程中要头脑清醒，既要明白创办企业不是搭一个草台班子，事事要有章法，感情用事害死人；又要摆正自己在团队中的位置，虚心接受其他成员的不同意见，取长补短，积聚创业实力，这样企业才能步入正轨，健康发展。

4. 贪大求全，灵活不足

企业在创建以后，很多创业者出现了过分追求成长速度的问题，尤其是当企业效益逐渐凸显后，创业者只看到了眼前的利益，缺乏严密的分析，付出全部成本（包括人力、物力和财力），希望靠一次出手就能获得成功。一味地扩大经营规模，而根本不考虑随之而来资金吃紧、原材料供应不足、人员紧张、销售不畅等一系列致命的问题，这无异于拔苗助长。而一旦出现问题，又不会以退为进，及时调整、改变战略。现实操作中，无论哪一个环节解决不力都将最终导致企业破产。

对策：没有长远战略规划的企业是短命的。对于小企业的发展来说，稳健永远要比成长更重要，如果每年能有盈利，更要放眼长远，并妥善处理好资金预算、市场预测，以及材料、人员相关要素的协调等管理问题。出现问题要善于总结和吸取教训，做出适当的调整和“退却”，为将来的“进攻”积蓄力量。要为自己明确一个可持续发展的创业计划，扎扎实实，按部就班，逐步把事业做大做强。

5. 缺少创新，意识淡薄

职业院校学生是一个特殊的群体，他们的教育背景影响了创业行业的选择。职业院校学生创业大多立足于技术项目，因此，创业项目是否具有创新性就成为职业院校学生创业能否成功的首要条件。以往不少职业院校学生创业失败，一个重要原因就是忽视技术创新，拿不出有自主知识产权的创造发明，或是有了发明却缺乏自我保护意识，没有及时申请知识产权。

对策：职业院校学生创业应选择自主知识产权明确的项目，并根据市场的动态做好产品的创新工作，即产品的更新或换代。同时还应加强自我保护，及时申请专利，使企业有序、稳步地发展。

6. 不讲信用，随意毁约

一旦涉足创业领域，就要讲求职业道德，而有的职业院校学生创业失败的原因，就是缺乏商业信用，稍有不满就肆意毁约，造成两败俱伤，这种不负责任的态度将直接导致企业登上业界"黑名单"，要想维持下去就非常困难。

对策：当今市场经济已进入诚信时代，作为一种特殊的资本形态，诚信日益成为企业的立足之本与发展源泉。职业院校学生既然选择了创业之路，就要遵守这一行的规范。刚入行更应把信用放在第一位，以此赢得客户的信赖，这样才能使自己的企业得到长久的发展。

7. 心理脆弱，意志不坚

有的职业院校学生心理承受能力较差，对创业中的各种困难估计不足，一次营销决策失误、一次小型财务危机抑或是一次上门推销失败，都会让他们感到创业的艰难，在心理上元气大伤，进而影响到他们的创业激情。

对策：成功与失败往往只有一步之遥，创业过程中遇到各种问题与麻烦，这是十分正常的现象。职业院校学生要正确看待，不要遇到挫折就放弃，要有良好的心理承受能力和坚强的创业毅力，经得起打击，吃一堑长一智，及时振作起来，分析失败的原因，找到自身的弱点与不足，并加以改正，企业自然就会焕发新的活力。

8. 管理混乱，安排失当

职业院校学生第一次创业，没有工作经验，对企业运营知之不多，创业团体在一个很短的时间内组成，没有磨合，易出现时间观念不强，自我约束太差的状况。不懂得怎样合理地利用时间，工作少时自由散漫，一旦紧张起来又毫无头绪，这些就是管理混乱的表现。

对策：创办企业就像居家过日子，必须精打细算，安排合理。要养成长时间工作习惯，白天用来做销售业务、管理日常事务、拜访客户等必需的工作。而把整理账目、整理方案等工作留到夜晚来做，对每一天的工作情况、进度做出总结，对第二天的工作做出计划。这样工作起来才能井然有序。

8.5.2 国家针对职业院校学生创业的优惠政策

我国提倡和鼓励职业院校学生自主创业，并为此出台了一系列包括工商、税务等方面的优惠政策。很多职业院校专门为职业院校学生创业设立了相应的教育和培训；各种职业院校学生创业园的成立，为职业院校学生创业提供了便利；全社会都在努力营造更好的创业氛围。

职业院校毕业生自主创业可获得以下政策支持。

1. 可以获得小额担保贷款和贴息支持

登记失业的职业院校毕业生自主创业，自筹资金不足的，可向当地指定银行申请不超过5万元的小额担保贷款；对从事微利项目的，还可获得贴息支持。

自愿到西部地区及县以下的基层创业的职业院校毕业生，自筹资金不足时，也可向当地经办银行申请小额担保贷款；对从事微利项目的，可获得50%的贴息支持。

2. 免收有关行政事业性收费

职业院校毕业生从事个体经营的，且在工商部门注册登记日期在其毕业后两年内的，自其在工商部门首次注册登记之日起三年内免收管理类、登记类和证照类行政事业性收费。

3. 可以获得培训补贴

登记失业的职业院校毕业生，参加人力资源社会保障部门举办的创业培训，可享受职业培训补贴。

4. 可免费获得创业服务

有创业意愿的职业院校毕业生，可免费获得公共就业服务部门提供的创业指导服务，包括项目开发、方案设计、风险评估、开业指导、融资服务、跟踪扶持等内容。

思 考 题

（1）职业院校学生为何不容易抓住创业机会？
（2）职业院校学生创业失败的主要原因有哪些？
（3）职业院校学生创业应该具备哪些因素？
（4）职业院校学生创业有哪些有利条件？
（5）写一份自己的创业计划书。